"互联网+"背景下

信息技术与英语教学的深度融合

王　淼◎著

吉林出版集团股份有限公司

图书在版编目（CIP）数据

"互联网+"背景下信息技术与英语教学的深度融合 ／
王淼著. — 长春：吉林出版集团股份有限公司，2022.4

ISBN 978-7-5731-1373-3

Ⅰ．①互… Ⅱ．①王… Ⅲ．①信息技术－应用－英语
－教学研究－高等学校 Ⅳ．①H319.3-39

中国版本图书馆 CIP 数据核字 (2022) 第 055693 号

"互联网 +"背景下信息技术与英语教学的深度融合

著　者	王　淼
责任编辑	白聪响
封面设计	林　吉
开　本	787mm×1092mm　　1/16
字　数	210 千
印　张	9.5
版　次	2022 年 4 月第 1 版
印　次	2022 年 4 月第 1 次印刷

出版发行　吉林出版集团股份有限公司

电　话　总编办：010-63109269

　　　　　　发行部：010-63109269

印　刷　北京宝莲鸿图科技有限公司

ISBN 978-7-5731-1373-3　　　　　　　　　　定价：68.00 元

前　言

在互联网时代背景下，大学英语教师应该接受新时期的考验，积极进行教学模式的创新，在实际教学中需要合理应用信息技术。通过多种教学交互手段的应用，使得大学英语课程的教学水平得到提升，同时还应该将信息技术、网络技术等深度融合在这门课程的教学工作中，这样既可以为学生全面发展奠定基础，也能够使学生将所学知识内化，提升学生对英语知识的理解运用能力。

在大学英语教学中，多媒体设备的应用能够促进师生之间的交流，提供有效的载体，常见的多媒体设备有平板电脑、计算机、手机等。随着互联网时代的到来，多媒体设备的种类功能逐渐多样化，为教师的英语知识讲解及学生的学习创造有利的条件，教师不再局限于教材黑板方式的传统教学，而是逐渐应用了电子黑板、投影仪等现代化设备。教学活动的展开也逐渐因为应用了信息技术而改变了教学知识的传播方式。

在传统的大学英语教学中，教师的评价方式比较单一，一般会针对学生的知识应用情况，又或者是语言逻辑水平以及整篇文章的写作质量进行评价。不少学生不能够认可教师评价，还会影响师生关系。随着互联网时代的到来，教学评价也逐渐朝着多元化方向发展，学校应该积极构建网络平台，对学生学习情况进行线上评价。在网络平台中，师生之间可以进一步交流，拉近师生之间的距离，有利于学生表达自己的真实想法，除了可以评价学生，也可以让学生来评价老师，有利于教师充分地认识到自身的不足，使得大学英语教学水平得到进一步提升。比如说，在大学英语听力教学中，教师可以带领学生进入语音室进行教学，这样有利于实现课堂翻转，针对学生学习情况进行评价时，充分评价学生的学习态度，不能过于关注学习结果。这样可以减少学生的考试压力，缓解学生的不良情绪，通过形成性评价，可以使学生养成良好的学习习惯。不仅如此，在考试形式方面也应该多样化设置，防止学生过于担心考试，使得学生能够轻松学习英语知识。如果学生对该门课程产生学习兴趣，有利于学生形成较好的自主学习能力，从而使英语课程实现良性循环。

在大学英语教学中，为了取得较好的教学成绩，教师应该顺应时代发展要求，积极应用互联网信息技术，使其可以有效地融合在大学英语教学中。除了要为学生建立良好的语言学习环境，还应该高效利用网络资源，使学生能够自主地探究英语知识并与其他的同学进行合作学习。在教学评价方式方面，也应该朝着多元化方向发展。经过整体教学结构的调整，充分实现信息技术的教学价值，提升教师自身的教学水平，帮助大学生灵活应用英语知识，对学生的英语应用能力具有显著影响，促进大学英语教学改革进程。

目　录

第一章　教育信息化

第一节　新时代教育信息化发展

教育信息化是我国实现教育现代化的基础和条件，受到了国家各个层面的重视。本节通过梳理各个阶段我国教育信息化发展的特点，基于相关研究，总结了梁簌溟先生的教育思想，并根据梁先生的观点，从教育的功能、构成和目标等方面论述了未来我国教育信息化发展的特点，为国家教育信息化的发展提供理论支持。

随着网络、大数据和人工智能的发展，社会已经发生了深层次变革，教育信息化就是以信息技术为支撑引导和变革我国现有的教育模式，提高教育质量。2019 年初，中共中央和国务院印发的《中国教育现代化 2035》明确提出要加快信息化时代教育变革，具体包括建设智能化校园，统筹建设一体化智能化教学、管理与服务平台；利用现代技术加快推动人才培养模式改革，实现规模化教育与个性化培养的有机结合；创新教育服务业态，建立数字教育资源共建共享机制，完善利益分配机制、知识产权保护制度和新型教育服务监管制度；推进教育治理方式变革，加快形成现代化的教育管理与监测体系，推进管理精准化和决策科学化。这充分说明了教育信息化是实现我国教育现代化的重要推手。

一、新时代教育信息化背景

（一）教育信息化工作受到国家重视

2010 年以来，在多个教育相关的重大文件和领导讲话中都对教育信息化提出了新的要求。例如《国家中长期教育改革和发展规划纲要（2010—2020 年）》《国家教育事业发展"十三五"规划》《教育信息化十年发展规划（2011—2020 年）》等。国务院副总理在 2012 年 9 月的全国教育信息化工作电视电话会议中提出"三通两平台"的教育信息化建设思路，在 2015 年 11 月的第二次全国教育信息化工作电视电话会议讲话中提出了"十三五"教育信息化工作的三大目标。这些都充分说明了国家层面对教育信息化工作非常重视。

（二）教育信息化基础平台渐趋成熟

2016 年，教育部印发了教育信息化"十三五"发展规划，明确了"十三五"期间教育信息化发展的"四个提升，四个拓展"的主要任务。根据教育部发布的信息，2017年四季度末，全国中小学（除教学点外）中，92.1%的学校实现网络接入，配备多媒体教学设备普通教室303万间；86.7%的学校已拥有多媒体教室，其中62.2%的学校实现多媒体教学设备全覆盖；学校统一配备的教师终端、学生终端数量分别为851万台和1183万台，开通网络学习空间的学生、教师分别占全体学生和教师数量的42.2%、57.4%。这些指标表明我国的教育信息化基础平台逐渐成熟。

二、梁簌溟教育思想特点分析

梁先生站在中西文化教育比较的高度，强调教育是改造社会的根本途径。林毓生教授指出19世纪末和20世纪初的知识分子大多数都希望振兴腐败没落的中国，他们认为，只有彻底转变中国人的世界观和完全重建中国人的思想意识，才能提高国民素质，改变中国贫穷落后的面貌。如果没有能适应现代化的世界观和思想意识，所有的改革终究是徒劳无益的。思想和文化的改革应优先于政治、社会和经济改革。梁漱溟先生是这类知识分子的典型代表，他也正是想通过思想和文化的教育，努力提升我国国民的基本素质。

三、新时代教育信息化工作思考

在梁先生的时代，乃至今日，学校教育仍是教育的主体形式。其实有其必然性，主要是"知识能量"的不对称导致的，实施教育的一方在知识信息量上占有相当的高度，所以会产生知识的传递活动，而这个传递过程多是以学校为载体，通过教师讲授来完成的。而在教育信息化发达的时代，实施教育和受教育的"知识位差"会显著降低，因为网络上大量的信息使得受教育方会很方便获取，单纯的知识传授不再是教育的主要途径。从广义的教育来讲，教育信息化不单是促进信息技术和教育教学的深度融合，更要创新发展方式，遵循教育规律，提升国民基本素质。具体还要做好以下三点：

（一）教育信息化工作要在激发受教育者的主动性上下功夫

《中国教育现代化2035》提出要利用现代技术加快推动人才培养模式改革，实现规模化教育与个性化培养的有机结合。梁簌溟先生认为教育的核心是对人的全教育，包括对人的情感、性格、人生观教育，然后知识教育才会有效。然而教育信息化如何在精神层面引导受教育者主动学习是教育信息化能否发挥更大作用的关键。未来教育信息化工作者应该基于现代信息技术建设应用，分析和引导学生发挥自觉主动能力，如基于大数据技术分析受教育者的喜好，基于推荐系统引导受教育者自主学习，基于人工智能建立受教育者正确的人生观等。只有将信息科技融入人的精神层面，才能显著改变我国的教育面貌，体现信息科技的力量。

（二）要基于教育信息化建设家庭教育、学校教育和社会教育的有机体系

《中国教育现代化2035》提出要建设新型教育服务监管制度。教育服务不单单是学校教育，梁先生将教育分为家庭教育、学校教育和社会教育三个部分，家庭教育是言传身教式的，对受教育者的品质养成至关重要；学校教育更注重知识的获取、交互和传递；社会教育注重的是生存技能的学习。在实际生活中，这三类教育是相辅相成的，但是却没有有机地联系起来。目前的教育信息化工作主要关注的是学校教育环节，如何通过信息技术统筹建立家庭教育、学校教育和社会教育的有机联系，是推进个性化教育的关键，只有将受教育者的品质教育、知识教育和技能教育相结合才能最大限度地发挥教育的作用。现如今，通过网络能够将家庭、学校和社会这三个物理环境相互隔离的空间联系起来，通过技术手段引导学生成长，个性化地分析问题、解决问题。

（三）教育信息化要跟踪人的成长，对终生教育效果进行评价

《中国教育现代化2035》提出要推进教育治理方式变革，加快形成现代化的教育管理与监测体系，推进管理精准化和决策科学化。梁先生认为教育应该贯穿人的一生，提倡终生教育。目前的教育信息工作主要侧重的是知识的传递，教育信息化研究人员建立的评价机制多是对教学效果的评价，然而教育效果却无法评价。推进教育治理方式的变革关键是要评价各种教育方式的成效，而教育又是一个长期的过程，短期内无法进行评价。基于教育信息化可以跟踪分析一个人各个阶段的情况，建立大数据多元分析模型，综合评价教育效果，为国家的教育大政方针提供决策依据，进而推进管理精准化和决策科学化。

教育信息化为我国教育事业的发展提供了强大的支撑，互联网、物联网、大数据、人工智能等信息技术的发展必然会导致未来教育的深层次变革。本节根据梁懿溟先生的教育思想，分析未来教育信息化的发展方向。教育信息化发展的本质目的是为教育提供更好的服务。未来不仅学校教育，家庭教育和社会教育也需要利用信息技术来提高质量，从精神层面提高受教育者的主动性，同时基于信息技术也可以建立终生教育评价机制，引导国家教育政策的制定，提高我国国民素质。

第二节　教育信息化与高校教学改革

教育信息化是高校未来发展的战略目标，在教育信息化建设过程中要遵循高等教育教学规律，以培养全面发展、个性化的人为终极目标，始终坚持以学生为本和以教师为核心的理念。通过教育信息化推进和引领高校教学改革，探索和创新因材施教、个性化教育的现代模式。

以信息技术为代表的先进生产力正推动人类社会进入信息社会，新媒介环境下信息技术在教育领域得到更多的应用，教育信息化将成为未来教育发展的新方向。《教育信息化2.0

行动计划》已明确指出，教育改革必须适应信息化时代的环境和需要，未来教育改革的总体方向是教育信息化。高等学校教育信息化推进和教学改革都应该遵循学校教育的特定规律，遵循特定的教育原则，以学习者为中心并以构建全新的教育信息化系统和教育机会平等为目标。在这个过程中教师需要提升信息技术的使用技能和树立正确的信息社会教育价值观，学校需要为教育信息化提供技术支撑和信息化教学环境。学校在线课堂设计应该成为新技术环境条件下教师的基本技能。本节主要在对教育信息化内涵和目标深度解读的基础上，探讨高校教育信息化发展的基本原则和教学改革的基本思路。

一、教育信息化的内涵与目标

教育信息化的实质是充分地利用现代信息技术成果发展教育事业，适应信息化时代和数据时代对学校教育教学的新要求，实现教育的根本目标。因此，教育信息化是以教育为本，信息化为手段，通过信息化建设提高学校教育教学的质量和效率，实现高效高质培养新时代中国特色社会主义建设者和接班人。教育信息化建设要尊循教育教学的规律，准确把握新时代大学生学习行为的特征和愿望，要具有战略性和前瞻性，顺应信息技术的发展和社会经济发展的需求，并有计划有步骤地推进。

教育信息化的一个重要原则是构建以学习者为中心的教育信息化环境，以"发掘潜质、激发兴趣、指导学习、成就价值"为目标。在这样的教学环境中，学生成为自主学习的主体，教师成为学生学习的导师和咨询师，不管是学生还是教师都需要转换角色定位，同时还要在认知和技能上提升才能真正适应。学校要为教师构建能够实现人的智能和技术优势相结合的人技协同教育系统。可以肯定的是，未来的教育信息化系统中教师和计算机各得其所、优势互补，共同为学习者提供优质学习资源和服务。

教育信息化建设的最终效果要用高校培养人才目标实现程度来衡量，要用学生的感受、学习满意度、学习质量提升程度来衡量。

二、高校教育信息化发展的原则

（一）人本原则

无论怎样，高等教育信息化发展都不能偏离高等教育的目标，必须始终以学生为本，以教师发展为核心。信息技术与教育教学深度融合始终要遵循教育的本质，始终坚持以培养全面发展、个性化的人为终极目标，始终坚持以学生为本、以学习为中心任务。

教育信息化为实现学生全面发展和个性发展的教育教学目标提供了条件，教学不仅可以传统的当面教授进行，也可以提供线上自主学习的各类资源，师生还可以及时便捷地开展线上线下的互动交流，实现因材施教、以生为本的教育目标。这样的教育生态有别于传统的教育教学环境，对教师提出了新的要求，教师不仅要是本专业领域的行家，而且还要有能力利用教育信息化资源表达教学内容和管理教学过程，同时，对学生的教育和交流手段也要不断地适应和提高。对于大学生而言，在教育信息化生态环境下自主学习可能会成为主流模式，每个人在满足专业培养目标要求的前提下可以根据自己的意愿和能力选择适合自己的学习方案，实现个性发展的目标。

要真正实现教育信息化，教师是核心。高校要鼓励教师面对新科技快速发展的挑战树立科学理性的态度，培养对新科技敏锐的目光和跟踪先进信息技术与教育教学融合的能力，提高教师信息化素养和综合素质，要鼓励教师学习和创新教学方式和教学组织工作，提高教学资源整合能力和教学质量。

（二）系统性原则

新型信息技术，特别是互联网技术自20世纪90年代以来的广泛技术转移推动了信息传播媒介的创新，媒介的"容器"和信息传播机制都已经发生了重大甚至颠覆性的变化。所谓媒介的"容器"是指携带信息所使用的介质，信息传播机制包括与信息传播相关的技术、组织和文化条件等方面。传统媒介的容器主要有甲骨、竹简、帛书、纸书、相片、录音磁带、电影胶片、录像带、影音光盘等。信息传播技术主要有通讯类（驿马、电报、电话、传真等）和广播类（布告、报纸、杂志、无线电、电视等）。信息时代的媒介条件和环境与传统社会有着天壤之别，新的媒介环境塑造和影响了人类社会关系和教育模式，工业化时代的标准化模式与同质性人才培养模式已无法满足信息化时代的需要。因此，高校教育信息化建设要注重教育信息系统的系统性，要具有统筹规划和资源协调配置的战略思路，并有计划有步骤地推进教育信息化建设。

教育信息化并不是简单的技术问题，它更应该体现为人、机和环境的系统性工程。高校在推进教育信息化建设过程中要兼顾点与面，要协同推进信息化建设与教育改革发展，"实现教学与管理、技能与素养、小资源与大资源等协调发展"（《教育信息化2.0行动计划》）。要兼顾到学生、教师、技术和各类硬件设施之间的匹配与协调，在教育信息化建设过程中人的问题可能是需要特别关注的，因为不管是学生还是教师在接受新事物的态度和能力方面会表现为极大的差异性，学校在建设教育信息化系统时要引领"人"与设施、环境的协调关系，以充分发挥教育信息化系统的作用。

（三）渐进性原则

传统的教学模式往往将知识的讲授和知识的内化在时空上分隔开来，知识的讲授是将统一的内容进行"标准化"讲解，很难根据讲授对象的认知和能力水平进行个性化讲授，学习者对知识的吸收消化也很难得到及时的帮助。"Khan Academy"创始人萨尔曼·可汗是借助新型信息技术帮助大众获取知识的先锋，简直引领了一场革命！确实，可汗学院的创建似乎颠覆了传统学习和教学模式，但要能真正地利用好它的前提条件是学习者有明确的目标和强劲的驱动力，显然对于成长中的学生和普通学习者是不太可能的，需要有人引导和激励，并有源源不断适应学习者的新资源。

虽然信息技术在教育领域得到了广泛的应用，但是在高校教学中传统课堂教学仍然占据主流地位，这可能有两方面原因：一是新的信息技术向教育领域的渗透相对迟缓；二是教育中的"人"的惰性所致。概括而言，本质上是人的问题，人们接受新事物都有一个过程，而且接受的程度和速度差异很大。因此，高校教育信息化要注重解决"人"的问题并在逐步推进中使人与技术、人与环境相协调发展。

（四）持续创新原则

随着云计算、移动互联网、大数据挖掘和人工智能等先进科学技术在教育教学领域广泛深入的应用，信息技术与教育教学正不断地深度融合，为开发和创新教育教学资源、促进高等教育教学资源共享，突破时空限制创造了很好的条件。

高校教育信息化要"坚持融合创新。发挥技术优势，变革传统模式，推进新技术与教育教学的深度融合，真正实现从融合应用阶段迈入创新发展阶段，不仅实现常态化应用，更要达成全方位创新"（《教育信息化 2.0 行动计划》）。

三、教育信息化时代教学改革思考

很多高等学校教育教学硬件设施已比较完善，如教室和学生宿舍都有网络覆盖、图书馆和实验室提供更好的虚拟资源和电子资源，但教育教学的方式和结构并没有重大改变，学生学习专业知识的方法和习惯没有发生重大改变。教育者和学习者对教育生态的变化不够敏感，对自身教与学的行为变化不够敏感，导致对教育信息化生态变化的适应性比较迟缓。大数据分析和人工智能技术可以使教育教学具有很好的针对性，提高师生适应新型教育生态的能力。当然，这个过程很难一蹴而就。未来，教师如何组织教学和如何指导学生学习、教室如何布局等问题需要不断地探索和实践才能让技术和教学更好地融合，实现协同发展。

利用教育大数据推进教育信息化，更加精准和及时地把握学生学习状况和需求。我们正处在信息时代，而且已经进入数据时代，互联网、物联网和云计算的广泛应用已经产生了大量的数据信息并将生产出越来越多的数据，这些数据是极其重要的宝贵财富，其中隐含了大量的知识和信息，为更好地提高教育教学质量和效率提供了条件。作为知识资源的积聚领域——高等学校，迫切需要走在其他领域的前面开展挖掘数据和分析数据研究，将教育相关的大数据转换成有意义的知识和信息，服务于创新发展教育教学方面。

要改革现行教学模式，充分地利用教育信息系统开展因地制宜、因材施教的教学改革和创新。譬如，要充分地利用各种教学资源丰富和提高教学质量和水平。要改变传统课堂中教学由教师主导，学习者基本处于被动学习状态，要避免传统面对面现场教学中学习者为应对可能来自外部的负面评价而产生自我保护式的回应。又譬如，利用教育信息化系统克服学习中的"遗忘"问题。学了后面的忘了前面的是非常常见的现象，通常解决遗忘的主要办法就是及时重复。当然，如果简单重复老知识就会像传统面授教学中那样让学习者容易产生厌烦的情绪，会失去在线课堂生动活泼的优势，所以可以在课程设计中以已有知识框架为基础不断地增加新知识，克服学习者在崭新知识领域学习费劲且低效的问题，激发学习者的学习兴趣。

第三节　教育信息化服务平台建设

随着现代化信息技术的快速发展，建设教育信息化服务平台逐渐成为各大高校的主要研究课题。高校教育信息化服务平台建设，通过科学布局、统筹规划多种基础设施和信息化资源，采用移动学习、虚拟现实、物联网、云计算等先进科学技术，构建优质的教育信息化服务平台，为广大师生的学习和生活提供便利，培养高素质的创新人才，推动教育信息化的快速发展。本节分析了教育信息化服务平台建设存在的问题，阐述了教育信息化服务平台建设策略。

高校教育信息化服务平台可以综合社会的多种资源，及时将信息发布到教育信息化服务平台上，为广大师生提供便利，提高信息资源的利用率。针对当前高校教育信息化服务平台建设存在的一些问题，要积极采取有效策略，引进先进的信息计划，优化和完善教育信息化服务平台，使教育和信息技术全面融合，创新信息化教育模式，提高教育信息化服务水平。

一、教育信息化服务平台建设存在的问题

（一）教育信息化服务意识淡薄

当前很多高校没有充分认识到建设教育信息化服务平台的重要性，教育信息化服务意识淡薄，高校管理人员只是应用一些简单的信息技术，教育信息化资源有限，高校发展教育信息化服务平台受到很多阻碍。一些高校虽然建设了网站，但是教育信息化服务模式比较落后，难以充分地发挥出教育信息化服务平台的重要作用。同时，在教育信息化服务平台建设过程中，高校没有及时、广泛地征求广大师生的意见，特别是在就业指导、培养能力、提高思想道德素质等方面，教育信息化服务平台难以满足广大师生的需求。

（二）教育信息化服务平台内容不全面

很多高校的教育信息化服务平台没有秉持为广大师生服务的理念，平台上的内容多是高校的宣传信息，对广大师生有价值的信息资源较少。在教学过程中，教师对于教育信息化服务平台的利用率较低，学生不能及时地获取课程教学信息资源，教学模式死板落后。对于高校设置的众多专业，如会展、酒店管理、旅游管理等多个专业，学生在进校之前，对于这些专业并不了解，不知道自己的就业和实习方向，针对这个问题，高校教育信息化服务平台没有设置全面的内容。

二、教育信息化服务平台建设策略

（一）建设智慧校园

以某信息职业技术学院为例，某信息职业技术学院是我国一所以信息技术为重点的高职院校。近年来，某信息职业技术学院积极应用云计算、计算机网络信息技术等先进技术，建设完善的教育信息化服务平台，包含社会服务、生活、管理、科研以及教学等内容，同时建立远程学习、虚拟学习、数字化图书馆、智慧课程等。某信息职业技术学院的教育信息化服务平台将校园局域网中的各项内容连接起来，实现统一的信息化服务和数据共享平台。

1. 智慧学习环境的建设

某信息职业技术学院依托信息化服务平台，建设智慧学习环境，为广大师生提供便利的学习工具和学习资源，自动评测和记录学生的学习过程和成果。智慧学习环是教育信息化服务平台的高端形态，其融合了虚拟环境和物理环境，为学生提供个性化的学习支持服务，同时全面支持非正式学习和校外学习。智慧学习环境的建设主要包括六个部分：教学方式、学习方式、教学社群、学习社群、学习工具和信息化资源，并且智慧学习环境为学生提供了工作的体验式培训，促进学生之间的研讨心学习和协作学习。

2. 知识创新和科研协作的信息化平台建设

近年来，网络作品、多媒体作品、博客、电子书等新兴学术作品不断涌现，某信息职业技术学院根据自身学校广大师生的实际需求，建设知识创新和科研协作的信息化平台，包括高性能运算网格、数据中心、知识库等。知识创新和科研协作的信息化平台依托现代化的信息网络技术，以专业学科为核心，整合学院的各种知识资源，构建某信息职业技术学院自己的知识库，并且建立一体化的知识服务体系，全面提高学院的知识资源共享，促进学院不同专业的科研方法创新，建立科研成果的信息资源共享机制，极大地提高学院的信息化应用和建设水平。

3. 决策支持和校务管理的信息化平台建设

决策支持和校务管理的信息化平台，建立教学状态监控系统和基本数据统计，利用校园的多项信息资源，加强校园内部治理，促进学院管理机制改革，有效地提高校园管理质量和管理效率。同时，决策支持和校务管理信息化平台有效整合了学院各个专业的数据资源，建立专业信息数据库，为学生全面了解自己的专业信息提供便利。学院的决策支持信息化平台广泛征集了广大师生对教学、校园生活、课程改革等内容的意见，为学院领导的科学决策提供重要的依据，极大地提高高校的校务管理决策水平。

4. 综合信息化平台的建设

综合信息化平台建设，为广大师生提供很多校园服务，给广大师生的学习和生活带来极大的便利。综合信息化平台建设包含很多内容：其一，搭建学生和教师的发展、交流和沟通平台，促进学生之间的相互了解和全面发展；其二，建立学生就业信息化服务平台，调整学校的专业课程，指导学生掌握就业技巧，帮助学生更好地适应社会；其三，建立校园虚拟社区，传播中国传统的优良文化和校园网络文化，提高学生的思想道德素质，树立正确的人生观、价值观和世界观；其四，建立学院生活服务信息化平台，为广大师生的生活提供快捷和便利的服务。

（二）创新人才培养模式

高等教育学校的宗旨是培养高素质的创新人才。当前，高校的学生多是 90 后，互联网已经成为大多数学生生活中的一个重要部分，因此学生的需求、经验和背景已经发生了很大的变化。为了坚持以人为本的治学理念，高校应结合学生的基础和实际需求，积极地创新人才培养模式，开发适合青年一代的学习模块，改革教学的考核、内容、工具、方法等各个环节。以湖南长沙的中南大学为例，中南大学是我国重点的"211""985"高校，招收的学生综合素质都较高，学校逐渐摒弃面对面的教学模式，积极引用信息化技术，基于计算机网络，创新 e-University、e-Learning 等教学模式。

1. 教学促进和人才培养信息化平台

学院构建教学促进和人才培养信息化平台，为学生提供特殊鲜明、科学合理、内容丰富、支持全方位自主学习的服务教学平台，有效整合学校的各类教学资源，对特色专业试点数字化的教学课程，在教学过程中积极推广探究式学习和混合式教学模式，鼓励广大师生充分地利用网络教学平台上的教学资源，指导学生根据自己的需求进行自主学习，改革传统的教学方法和教学内容，取得了良好的教学效果。

2. 远程协作学习、远程教学的信息化服务平台

依托自身学校的优势资源和国际知名院校建立国际公正课程，并且和国内一些大型企业建立合作管理，开设企业 e-Learning 学习课程，为学生提供专题学习、通识教育、科普教育等内容。移动技术、社会网络工具和网络协作空间在学校的普及，使跨校课程受到了学生的喜欢，促进国际学生和国内学生之间的项目合作。

随着现代化科学技术的快速发展，信息技术在高等教育中发挥着越来越重要的作用。高等教育发展要依托先进的信息化技术，信息化技术的发展促进高校教育改革。高校教育信息化服务平台建设是当前历史条件的必然要求，是推动现代化高等教育的重要条件和基础，因此各高校应结合自身高校的实际情况，积极推动教育信息化平台建设，为国家培养更多高素质人才。

第二章 "互联网＋"背景下信息技术与英语教学基础理论研究

第一节 "互联网＋"背景下信息技术与英语教学整合的优势及思考

信息技术的发展和普及，给教育带来了预想不到的机遇和挑战，"一块黑板、一支粉笔、一张嘴巴，众人听"的传统教学模式已经远远不能满足教学改革和课程发展的要求。在英语教学中亦是如此。英语教学其实就是对学生的听、说、读、写等能力的培养，要想获得最理想的教学效果，需要教师有效整合和合理运用声音、图像、动作及情境等因素。而作为信息技术标志之一的多媒体教学以其丰富、形象、生动的教学特点，为英语教学提供了广阔的平台。因此，信息技术与英语教学的整合不仅是顺应新课改的需要，也是为了培养学生英语综合能力的需要。本节探讨了信息技术与英语教学整合的优势以及思考，希望更好地发挥信息技术在英语教学中的作用，最大限度地提高英语教学的效果。

一、现代信息技术与英语教学整合的优势

（一）有利于学生学习兴趣的培养

爱因斯坦说过："兴趣是最好的老师。"兴趣是激发学生学习的内因，当学生对所要学的内容感兴趣时，那么学习就已经取得了事半功倍的学习效果。多媒体英语教学实现了将英语知识由静态向动态的传播，这种声画交融的动态教学方式可以有效地将抽象的知识形象化、具体化、生动化，从而营造兴趣盎然的课堂学习环境氛围，增强授课的趣味性。与此同时，还可以较长时间吸引学生的注意力，达到激发学生兴趣、获得最佳学习效果的目的。

（二）有利于学生学习自主性的提高

多媒体网络技术具有信息处理和人机交互的功能。这种图文并茂以及时地反馈的交互方式对于英语教学具有重要的意义，它能够有效地激发学生的学习兴趣，使学生产生强

烈的学习欲望，从而增强学习动机。在传统的英语教学过程中，大到教学的策略、内容、方法，小到教学步骤、学生的作业都是由教师事先安排的，学生参与得很少，只能被动地跟着老师的步调走。而在交互式的学习环境中，学生可以根据自己的实际情况和学习需求，选择符合自己实际水平和感兴趣的内容进行学习和练习。多媒体网络技术为学生自主性、创造性的发挥提供了平台，能真正让学生成为学习的主人。

（三）有利于真实情境的创设

传统英语教学偏重语言知识的传授，尤其偏重语法词汇知识的讲解，而这些语言知识由于离开真实的情境，远不能引起学生的学习欲望。现代信息技术在情境创设方面有无可比拟的优势：声音、图像、动画、影像等多媒体的集成，可以最大限度地模仿自然界的声、色、形；巨大的容量可以提供大量情境素材；共享的特点可以消除时间和空间的障碍，让资源得到最充分的利用；交互性可以调动学生的积极性，扩展学生的思维；超文本链接符合人类思维的方式，可以满足学生的求知欲，拓展学生的知识面。总体而言，现代媒体能够集文字、图形、声音、动画等不同的信息形态于一体，突破时间和空间限制，为英语学习创设较真实的情境。

（四）有利于课堂教学容量的扩大

优质高效的课堂意味着高效率、快节奏。传统的英语课堂教学以教师、教材为主，有的教师由于受自身知识和能力的限制，不能给学生提供"大量的语言输入"，有的教师课堂教学只是照本宣科，做教材的"翻译员"，这些都阻碍了英语教学的有效实施。现代信息技术为教师提供了一个非常广阔的空间，教师可以运用多媒体技术，通过图片、文本、音频视频资料、网络链接等，扩充和丰富课堂教学内容，为学生提供更加丰富的教学资源，从根本上提高教学效率，弥补传统教学模式的不足。除此之外，运用信息技术还可以节省提供背景资料等所需要的时间，从而增加学生练习语言技能的时间。

（五）有利于学生综合技能的发展

《英语课程标准（实验稿）》明确提出"倡导体验、实践、参与、合作与交流的学习方式和任务型的教学途径，发展学生的综合语言运用能力"。在网络交互教学中，学生通过信息交流，扩大信息来源，同学之间互相启发、诱导，从不同角度对同一问题进行分析、讨论，这有利于发散思维的形成，为创造思维的训练奠定基础。在此过程中，学生可以学会共同生活（learn to live together）、学会求知（learn to know）、学会做事（learn to do）、学会发展（learn to be）。学生对分享和合作的体会，有利于学生综合技能的发展，而综合技能发展的意义远远超过了学习英语语言本身。

二、现代信息技术与英语教学整合的思考

尽管现代信息技术为英语教学带来了种种优势，但是"技术是一把双刃剑"。多媒体

是教师和学生沟通的媒介和工具，如果使用不当，很难达到理想的教学效果。在现实的英语课堂教学中，信息技术与英语教学的整合还有很多值得我们思考的地方。

（一）关于教师教学思想的思考

现代教育技术是以现代教育理论为基础的，现代教育理论要求必须充分地发挥学生的学习主体作用。教育技术的运用，要能激发学生的学习兴趣，要努力创造学习者可参与的环境，使传授知识和发展智能与素质培养统一起来。运用信息技术的关键是教师，但这并不意味着，只要教师采用了现代信息技术的手段，就可以达到提高教学效果的目的，也并不意味着其教学思想就是先进的。很多教师认为，运用了现代技术就是跟上了现代教育的潮流，因此盲目地滥用多媒体技术。如果只是采用了这些先进的手段，但课堂教学过程仍然是传统的以教师为中心的课堂，仍然是"填鸭式"的教学，那便是只重现象而忽略本质，远离了现代信息技术与英语整合的初衷。因此笔者认为，为了实现现代信息技术与英语教学整合的最优化，教师首先要做到的是选择适合自己学生的教学模式；其次，转变教师的角色。即由教学者向平等的学习促进者转变，由知识的传授者向导学者方向转变，成为课程的设计者、开发者、组织者和参与者。

（二）关于教师教学实践的思考

1.英语课是否是多媒体展示课

英语是一门实践性很强的语言，必须通过大量的语言输入以及师生之间、生生之间大量的英语交流，才能达到培养学生英语交际能力的目的。然而由于有些教师对现代信息技术与学科整合的误解，有的教师片面地追求多媒体教学课件的精美和展示，把本应由教师讲述的内容演变为多媒体演示；用网络的信息交互替代师生之间富有思想和情感的交流；用冷冰冰的人机对话来完成学生和教师、学生和学生之间应有的合作和讨论。事实上，现代信息技术并不只是 CAI、CALL，也不能简单地等同于使用计算机、投影仪或网络教室等现代教育设施来上课。信息技术的应用涉及硬件和软件两个方面。笔者认为，课程的教学设计、系统的分析方法、学习资源的科学安排和使用这些软件方面所起的作用远比硬件的作用大。在英语课堂上，计算机的模拟对话代替不了人与人之间的自然语言，计算机已经设定好的思维模式代替不了人的思维，尤其是用目标语来思考的思维模式。因此，在信息技术与英语教学整合的背景下，不能把英语课上成多媒体展示课。

2.教师如何把握好英语课件的制作

信息技术与英语教学整合对硬件设备的要求很高（包括多媒体计算机、局域网等），而且要求学生具有操作计算机的能力，这是教学实践中所面临的问题。但相比软件而言，硬件框架已成规模，虽然维持网络正常运转的费用较高，软件方面的投入，尤其是多媒体课件制作方面的投入严重偏低。而目前大部分教学软件来源于开发商，软件开发商侧重的是盈利，因此在思想性、知识性、启发性方面有所忽视。笔者认为，硬件设备的配备和维护，学生操作计算机能力的提高，都是可以很容易解决的问题，有句俗语叫"只要是可以用钱解决的问题就不是问题"。但在教学软件和课件制作投入偏低的情况下，教师对课件制作的把握不是时间长短可以解决的。在一节课中，教师选取的信息量能够在多大程度上被大部分学生吸收？应该留下多长时间让学生思考？课件操作过程中需要学生懂得怎样的计算机技术，是否符合学生的认知水平？这些问题需要广大英语研究者和一线教师不断地进行研究和实践，构建具有针对性及实践意义的教学模式，使信息技术与英语课堂教学更好地结合在一起。

第二节 "互联网+"背景下信息技术与大学英语互动教学研究

一、信息技术与课堂互动的概念

（一）信息技术

从广义上来说，信息技术是指充分地利用与扩展人类信息器官功能的各种方法、工具和技能的总和。它强调的是从哲学角度阐述信息技术与人的关系。从狭义上来说，信息技术是指利用计算机及网络等各种硬件设备和软件工具等综合方法，对图文声像各种信息进行获取、加工、存储、传输与使用的技术之和。它强调的是信息技术的现代化与高科技含量。总的来说，信息技术包括信息媒体和媒体应用方法两个要素。如今各个领域人们在各个领域中广泛地运用信息技术。在教育领域，信息技术主要是指利用基于计算机技术的网络技术和多媒体技术进行教学活动。

（二）课堂互动

课堂教学互动是指师生互相交流、共同探讨、互相促进的一种教学组织形式。广义上的课堂互动是指教学过程中各种要素之间的相互作用和相互影响，包括师生互动，学生与学生之间的互动，教师与教材之间的互动，学生与教材之间的互动，教师与教学媒体之间的互动，学生与教学媒体之间的互动。而狭义上的课堂互动仅仅指教师与学生以及学生与学生之间的信息互动与交流活动。笔者所指是狭义角度的大学英语课堂互动，即大学英语课堂上教师与学生以及学生与学生之间的互动交流活动。

二、影响大学英语课堂互动教学的主要因素

（一）教学参与对象因素

参与大学英语课堂的对象主要由教师和学生构成。其中授课教师作为课堂教学的重要

组成部分，在教学互动过程中居于主导地位，因此教师的各种活动和行为都会对课堂互动产生影响。现如今我国高校的大学英语课堂教学中，教师大多只是充当信息技术的操作者，并未形成真正意义上的互动。其主要原因在于：第一，教师的教学理念陈旧。随着时代的变迁，由教师主导的传统的课堂教学观念已经不能适应如今大数据背景下的信息化教学。很多年长资深的教师已习惯于过去"传输知识型"的教学模式，而且他们对互动式的方式认识不深或者抱有抵触情绪，认为互动会影响课堂教学秩序。虽然这种想法有一定的合理性，但它也在无形中放大了互动教学的弊端。第二，学生的互动意识和学习态度的欠缺。由库尔特·勒温 (Kurt Lewin) 提出的场动力公式 B=f(P×E) 可知，学生个体内心驱动力不强导致了课堂互动的不足。学生的内在驱动力会受到性格的影响。一般来说，在课堂互动中个性比较活跃的学生要比个性安静的学生的互动意识更强。

（二）教学内容因素

Krashen 的"输入假说"指出，教师应当在交际中给学习者提供足够数量的语言材料，并且这种材料是能被学习者所理解的语料，而这些语言材料的选择就决定了课堂互动模式的不同。比如，听力在大学英语教学和考试中的重要性决定了听力材料在课堂教学中必须大量运用。教师需要通过大量的训练才能有效地提高学生们的听力能力，但是听力材料的特殊性强调教师在课堂互动中运用信息技术"输入"听力材料后，还应为学生预留足够的"输出"机会。因此，大学英语听力课应当是教师为主的混合型课程模式。所以，在大学英语的课堂中，语言材料的输出比重仍然偏少，教师与学生的互动比很不平衡。

（三）技术设备因素

目前，我国很多高校都面临着信息资源尤其是优质资源短缺的问题。在信息化时代，信息的更替速度直接影响着教学质量。一方面，优质的信息资源的便利性和多样性会在一定程度上促进课堂互动；另一方面，优质信息资源也能为学生和教师提供更多的选择性，从而让教学双方能够更有效率地投入课堂互动中。此外，硬件设备是信息技术环境的重要组成部分，同样会对课堂互动产生一定的影响。大学英语课堂互动是基于一定的信息环境开展的，因此传统的板书式硬件设备主要以教师讲授为主，在一定程度上减少了互动的触发性；反之，运转流畅、优质高效的现代化信息设备将会增加教学双方的互动参与性和积极性，从而提高教学效率。

三、大学英语课堂互动的优化策略

（一）教师教育观念的转变和自身素质的提高

第一，作为信息化时代的大学英语教师应当积极转变教育观念，建立起教学双方的平等意识，主动加强与学生之间的交流和互动，从而为课堂互动设计创造有利的前提条件。第二，完成自己身份的转换，让教师由管理者变成组织者和引导者。教师要在课堂教学中加强与学生的互动，通过设计多种形式的教学活动来培养学生的主体意识，最终帮助学生构建课堂互动中的平等主体地位。第三，信息化条件下的大学英语课堂互动不仅要求教师拥有先进的教学理念，还要求教师具备较高的专业素质。教师应当利用教学之余，坚持学习钻研本学科知识，为自己充电。同时注意吸收国内外在自身领域的先进理念和经验，不断地更新自己的教学观念和创新策略，并将此应用到课堂互动教学中。

（二）现代信息技术在大学英语教学中的合理运用

第一，合理分配信息技术的适用环节，重点在于情景预设。鉴于传统教学缺少直观感受，教师可以通过情景预设帮助学生弥补真实情境的缺失和语言上的认知冲突，从而激发学生的活动参与性和互动欲望；同时也能够让学生更好地融入课堂环境。第二，重难点突破。在大学英语中存在很多枯燥的语法讲授，如果教师能够运用自己设计的图片或视频来进行呈现的话，课堂教学将会更加生动活泼和有针对性。第三，学生自主学习。信息化时代的来临，教师应当利用国际上兴起的丰富慕课资源，为学生准备带有启发性的多媒体课件，作为辅助他们自主学习和研究的工具。

（三）教学评价策略的合理运用

第一，因材施教，加强对学生的主观性评价。在课堂互动教学中，教师应当多使用带有鼓励性质的语言来评价学生。这些主观上偏向积极的评价将会对学生产生正面良性的心理暗示，同时能够增强学生自信，激励他们参与互动的积极性。第二，注意评价的及时性和滞后性。比如在学生练习大学英语口语时，教师应当对学生的回答作出及时评价和反馈，这样才能及时实现与学生的互动。而在课文讲授的问答过程中，教师可能需要综合多个学生的回答才能够作出最终的延时评价。因此，只有综合合理地使用及时评价和延时评价，教师才能实现课堂互动。

综上所述，在信息化时代的大背景下，我国大学英语教学应当积极顺应时代的发展潮流，一方面吸取国内外先进教学经验与成果，另一方面坚持内部自我改革，在大学英语面临"内外交困"的局面下不断地探索具有中国特色的大学英语互动教学模式，最终实现促进大学英语教学、提高教学质量的目的。

第三节 "互联网+"背景下信息技术与大学英语写作教学的困境与对策

写作是语言学习者英语综合应用能力的重要表现形式。大班课堂教学下师生信息反馈不够及时，造成写作教学"费时低效"。移动信息技术的迅猛发展，为大学英语写作教学延伸到课外提供了良好的机遇。本节围绕大班写作教学的困境和挑战，探讨了移动信息技术应用于英语写作教学的优势，提出利用移动信息技术开展作文写作、批阅、修改及交流的新对策。

一、大学英语写作教学的困境

（一）作文批改量大而广、负担重

现在大学英语课程基本上采取按专业合班教学的大班方式授课，教师一节课甚至面授上百学生。受时间、空间、人数的制约，目前大多数公共英语写作教学仍然遵循"教师课堂讲解课文→布置写作题目→学生课外练习写作→教师批改作文→批阅后发回学生"的模式展开，师生间信息反馈不够及时，造成写作教学"费时低效"；加之如今互联网高度发达，任意一个命题作文，学生都可上网搜索到范文，抄袭现象屡禁不止。

（二）课堂内外衔接不力

目前的大学英语课堂无论是黑板加课本的教学模式，还是多媒体演示的教学方式，都是一对多的教学方式，也主要体现了教师的主动教学、学生被动接受的特征。英语本身拥有广阔的天地，很多知识不是从课内获得，而是从其他活动中，从社会生活中获取的，但目前的教学却常常硬性地将课内与课外一分为二，只注重课堂教学，忽略课外知识技能的衔接，课外拓展和延伸功能被漠视。

（三）学生对教师书面反馈的过分依赖

许多学生，特别是大一新生还停留在高中阶段保姆式教学对教师过分依赖的习惯定势中。他们认为上交书面作文就是为了教师能给他们指正语法、词汇、拼写、标点等语言错误。显然这种依赖心理也影响了写作教学的高效。

二、移动信息技术应用于英语写作教学的优势

现代移动信息技术的迅猛发展及智能手机的广泛普及，给大学英语教学改革带来了新的思路和手段。特别是智能手机的移动便携、上网即时、储存量大、下载学习软件方便等优势已被广大师生认可。据调查，目前大学生智能手机的拥有率已达到99.8%，微信、QQ平台最受青睐，这无疑为开展课外英语写作教学提供了无限可能和良好的机遇。具体体现如下：

（一）打破时空的限制，英语学习成为随时随地的移动学习

智能手机的移动化、网络化及丰富的APP外语学习软件资源，使得英语写作练习可在任何时间任何地点进行，不再受时间、空间及人员的所限。

（二）强化师生的交互性

智能手机已成为移动学习的理想平台，它与传统大学英语课堂教学模式相呼应，成为

大学英语课堂的延续和补充。它能够延伸大学生课后英语学习的时间、促进师生间的交流和互动、改善大学英语的学习效果，加强了师生的互动和交流。

三、移动信息技术下写作教学的对策

教师可通过智能手机的 QQ、微信平台，对编辑短信、发送文件等形式布置写作任务、在线检查、批阅学生作文；学生也可将写作遇到的困难和问题及时在线反馈给老师；通过批改网完成写作前、中、后三阶段的写作辅导等教学环节，培养学生自主写作能力，提高写作教学效果。建议采取以下策略：

（一）以写促学

学习英语离不开写作。初始阶段的写作教学可侧重于"写长法"，即不限制题材，任其发挥，写得越长越好。要求每个学生每周通过 QQ 群提交一篇网上作文，提倡使用新学词组、句型。每周每组推选或抽查最好作文传转他班交流、学习，一篇最差作文供教师通过 QQ 或微信平台集体点评。通过开展大量课外写作实践活动，促使学生充分利用课外碎片式时间开展自主式、合作式学习，有效地促进课堂内外的有机衔接，减轻教师批改作文的负担。

（二）读写结合

该阶段的写作教学以限制题材为主。教师通过 QQ 或微信网络平台，每节课后推送一篇英语美文或名作供学生阅读、赏析。大量输入阅读，可培养学生审题、遣词造句、段落组织等语言综合能力。学生以宿舍为单位先纸质互阅互批并打分，再结合"句酷批改网"显示的分数，平均后记作平时成绩。以此培养新生的自主管理和服务意识，摆脱对教师批阅的过分依赖。

（三）改革提交方式

后期的写作教学以网上限时(30分钟)为主，在线完成并提交某种题材的命题作文，可杜绝作文抄袭现象。教师通过"批改网"软件，及时线上批阅作文，再就共同问题给予辅导答疑，师生互动更通畅。

现代信息技术给英语写作教学带来良好的机遇，但任何技术毕竟只是教学的辅助手段，是课堂常规教学的补充和延续。因此，教师要以学生为中心，充分地利用移动信息技术的优势为学生开辟新的写作视窗，通过网络平台将英语教学拓展到课外的时间和空间，开展在线作文写作、批阅、修改及交流，使学生在大量充分的语言实践与应用过程中提高写作技能。移动英语教学模式还有巨大的研究潜力待开发。

第四节 "互联网+"背景下信息技术与大学英语 ESP 生态化教学

　　21 世纪，自媒体时代信息技术的飞速发展对教育领域产生了深远的影响，为大学英语 ESP 教学提供了前所未有的拓展空间。随着信息技术进入大学英语 ESP 课堂，既是课堂教学改革各个环节的巨大推动力，也打破了传统大学英语 ESP 教学的生态平衡，给教学带来了新的挑战。2010 年，陈坚林教授在《计算机网络与外语课程整合———一项基于大学英语教学改革的研究》一书中指出，大学英语教学必须创建"教学理念国际化、多媒体教学正常化、课程管理三级化和教学环境生态化"的生态化教学体系。鉴于此，本节将从教育生态学的视角分析目前大学英语 ESP 教学生态系统中，各生态因子之间的失衡现象，尝试借用自媒体时代现代信息技术解决教学中的生态化难题，构建大学英语 ESP 教学模式，营造生态化课堂环境，培养学生过硬的英语综合运用能力、英语学术交流能力和跨文化交际能力。

一、教育生态学的发展

　　教育生态学开创性地融合了教育学和生态学两大领域的知识成果，是一门典型的交叉边缘学科，可是它却为大学英语 ESP 教学的研究打开了一种全新的思维方式。20 世纪 30 年代，"课堂生态学"（Ecology of Classroom）这一概念在美国教育学家 Willard Waller 的《教学社会学》一书中首次被提及，随后引起学术界的广泛关注。20 世纪 60 年代，教育学家 E.Ashby 进一步阐明"高等教育生态学"的理念。1976 年在 Lawrence Cremin 的《公共教育》一书中，这位前美国哥伦比亚师范学院院长分享了他对于教育生态学的理解，并正式提出"教育生态学"(Ecology of Education) 这一术语。教育生态学创造性地将生态学的基本原理，例如生态系统、生态平衡等，应用于各种教育现象及其成因的研究，揭示了教育发展的规律和趋势。教育生态学的研究在 20 世纪 80 年代以后进一步拓展、深化，其间标志性的研究成果层出不穷。例如，C.A.Browers 在 1990 年至 1993 年间对教育生态学领域进行了一系列宽泛且深入的研究，既包括课堂生态等微观层面，更涉及教育、文化和生态危机等宏观层面。2001 年 Tudor 撰写了《语言课堂之动态性》一书，自此，学界对外语课堂教学的研究朝着生态化的方向发展。

　　而国内学者们对教育生态学的关注则是在 20 世纪 90 年代后，逐渐形成了较为系统的理论框架。吴鼎福、诸文蔚、范国睿等陆续出版了各类专著，从宏观层面上深入地探了讨教育生态学的基本原理、教育资源与教育生态、可持续发展战略等问题。但纵观教育生态学在中国的发展，学者们的研究大多集中于宏观层面，而对微观层面的研究，诸如课堂生态的系统、生态因子等却不够深入具体。

教育生态学将教育中涉及的问题纳入生态学的范畴考量，把教育视为一个统一的生态系统。借助教育生态学的观点探讨大学英语 ESP 教学中，各生态因子之间的相互联系、相互影响、和谐发展，以及发展过程中各生态因子之间不可避免的失衡现象，为大学英语 ESP 教学的研究打开新的维度，提供值得借鉴的理论依据和实践指导。

二、传统大学英语 ESP 教学中的生态失衡现象

"课堂生态"被 Doyle 和 Ponder 定义为"对教学环境产生影响的互相联系的过程和事件所形成的网络"。大学英语 ESP 课堂也是一个由教师、学生、教学内容、教学事件等生态因子共同组成的有机、统一、动态发展的微观生态系统。各生态因子之间互相联系，互相制约。与其他的生态系统一样，它同样具有整体性、开放性、共生性、可持续发展性等特征。师生是该生态系统的主体。

在我国传统的大学英语 ESP 教学中，该生态系统内部各生态因子之间也不可避免地存在失衡现象，主要表现在以下几个方面：

（一）大学英语 ESP 教学生态主体与生态的失衡

由于种种客观因素的影响，不管是曾经以"通用英语"（EGP）为主的大学英语教学还是向"专门用途英语"（ESP）转型后的大学英语教学似乎都逃不过大班授课的命运。因此，从生态环境的角度看，"学生密度"过大，课堂生态空间"超负荷"，平均到每个学生身上的教学资源极其有限。此外，在语言教学过程中，师生的频繁互动对学生语言能力的培养十分重要。在大班教学模式下，由于学生过多，师生互动困难，故学生对自己的缺点和不足往往得不到及时反馈，因而不利于其语言能力的提高。这显然违反了教育生态理论中的"耐度定律"和"最适度原则"，对语言的教学十分不利。

（二）大学英语 ESP 教学内容与教学目标的失衡

随着 ESP 研究的不断深入，学界陆续出版了各种各样的 ESP 教材。但正如蔡基刚教授分析的那样，从现阶段看来，国内学界对专门用途英语，尤其是其理论发展缺乏深入研究，仅仅只是把专门用途英语范畴中的商务英语、医学英语、法律英语、科技英语等名称照搬过来，而并没有对教学内容和教材实质进行系统分析，这样编写出来的教材，其目的、内容和教学法与真正的 ESP 教材完全不同，因而并不是严格意义上的 ESP 教材。纵观目前国内出版的 ESP 教材，大部分确实存在上述问题，将 ESP 教材和全英语专业教材混为一谈。这些教材的编写者大多过分地强调 ESP 教材中专业知识的系统性与全面性，大量生僻的行业用语随处可见，不仅让学生望而生畏，而且对于只通晓基本行业知识的 ESP 教师也是极大的挑战。事实上，ESP 教材并不等同于全英语专业教材，"语言"才是 ESP

教材的重点，而"学科内容"只是媒介。ESP教学的目标应该是"训练学生特定学科里的语言能力而非传授学科内容和知识"。通过学习这些主题与专业相关的英语文章，帮助学生掌握特定领域里的语言知识，进而提高他们的英语学术交流能力和跨文化交际能力。显然，目前国内大部分ESP教材的编写过分地强调"学科内容"的掌握，偏离了ESP教学的初衷。

（三）大学英语ESP教学评价与学生能力培养的失衡

长期以来，社会大环境迫使我国大多数高校至今仍以四、六级通过率来衡量大学英语教学是否成功。然而，随着时代的发展和我国中小学基础教育质量的提高，社会对高等教育中学生英语能力的要求早已是过去以"通用英语"（EGP）为主的大学英语教学模式所不能满足的。中外合作办学的蓬勃发展和MOOC时代的来临迫使大学生如果想要在专业上有所建树，就必须具备能听懂英语专业讲座、能读懂英语专业文献和能用英语撰写研究论文的能力。如果大学生仅有一般的英语综合应用能力，不具备专门领域或特定行业的英语工作能力，在全球化经济时代很难适应社会对各行各业国际人才的要求。显然，在现阶段大学英语ESP教学生态系统中，教学评价机制远远跟不上当今社会对学生能力培养的要求。教师应从片面地强调词汇、词组、句法等语言知识和技巧训练的桎梏中解放出来，真正重视专门用途英语教学，重视学生英语学术交流能力和跨文化交际能力的培养。

（四）大学英语ESP教学中师生主体地位的失衡

在课堂教学中，师生无疑是两个最为重要的生态主体。在传统大学英语ESP课堂上，知识传播的主要方式还是由教师指向学生这种传统地单向式传播，教师仍是教学活动的中心，学生被迫接受。学生"人口密度"过大很大程度上制约了师生之间的合作与互动，学生之间的合作与交流更是少之又少，因此，学生主体作用的充分发挥则无法保证。当今社会英语的应用性特征越发明显，将来的英语学习不再是单纯的英语学习，社会发展需要多元化、专业化的英语人才。在这种大环境下，缺乏自主学习能力，缺乏主动性、创造性的学生必然经受不住社会的考验。

四、借力信息技术，构建大学英语ESP生态化教学模式

在今天的高等教育中，ESP教学日趋成为大学英语教学中的一个重要组成部分，当然也是薄弱环节。事实上，ESP教学是大学英语教学生态系统内部的一个更为微观的教育生态子系统。在大学英语ESP教学活动中，师生是生态系统的主体。如前所述，和其他任何生态系统一样，其内部也存在种种不可避免的失衡现象。如何在现有的条件下，借助自媒体时代现代信息技术解决ESP教学中的生态化难题，构建具有开放性、整体性和可持续性的良性生态系统确实是值得我们深思的问题。

（一）营造生态化学习环境，提供支持性学习资源

语言能力的培养需要在健康和谐、有利交际的氛围中进行。在大学英语 ESP 教学微观生态系统中，教师和学生是两个最关键的生态因子。在语言教学中，语言知识的传授与语言技能的训练很大程度上依赖于师生双方高效的交流与互动。我们在教学中常常会发现紧张的心理状态不利于语言的表达，教师如此，学生亦是如此。因此，教师应尽可能地营造宽松的心理环境，鼓励学生大胆表达不同的见解，使学生在毫无负担的情况下充分发挥其主观能动性和创造性，进而保证语言教学得以顺利、高效地开展。

事实上，在真实的课堂环境中，我们往往会发现，尽管教师想方设法地活跃课堂氛围，可是相当部分的学生还是由于害怕丢面子而不敢参与互动，使得教师不得不"一言堂"。在自媒体时代，我们完全可以借助论坛、博客、微博、微信等信息手段将课堂无限延伸，搭建师生互动、生生互动的第二课堂语言学习平台。在虚拟的网络世界中，学生往往不会再有丢面子的负担，进而勇敢地交流、表达。

此外，自媒体时代先进的信息技术、丰富的网络资源，为我们的教学提供了海量的可供参考的素材。以微信为例，目前国内有不少针对英语学习爱好者而创建的微信公众号，例如"专门用途英语""蔡雷英语"等，定期推送内容丰富的资讯。教师完全可以通过关注这些微信公众号，掌握最为前沿的英语知识。再有选择性地将这些知识与教材有机融合，利用优质的教学内容吸引学生的深度参与。教师也可让学生自己关注这些微信公众号，较之枯燥的课文，这些有趣的知识往往更能引起学生的共鸣，激发学生学习语言的兴趣。而自媒体时代这些来自四面八方的不同的声音，使得学生不再被一个"统一的声音"告知对或错，他们会渐渐学会从独立获得的资讯中，对事物作出正确的判断，有利于学生批判性思维的培养。

可见，信息技术的有效利用无形之中帮助我们营造了相对安全的心理环境和适度的空间环境，避免了课堂生态空间的"超负荷"，兼顾了生态主体的耐受度。这样一来，可以将每个学生教学资源的占有率最大化，而作为课堂生态主体之一的学生，他们的生理和心理压力得以充分释放，进而促进他们的学术英语交流能力和跨文化交际能力的培养。

（二）构建"以学生为主体、以能力为本位"的生态化教学模式

在传统的大学英语 ESP 教学中，生僻的、冷门的专业词汇随处可见，为了使学生掌握这些专业词汇的用法，教师往往需要不断地解释、举例，一节课下来留给师生互动的时间着实不多。教师被迫成为课堂的主体，学生依赖教师的讲解获取知识。而在海量资讯唾手可得的自媒体时代，教师早已不是知识的唯一来源，我们不能再固守落后的传统教学理念，应该变完全掌控的"一言堂"为师生间的"平等对话"。

在生态系统中，任何生物都具有"自主—依存"的双重属性，因此，无论是在人类还是动物世界中，"自主—合作"的关系随处可见。课堂教学亦是如此。"自主—合作"的生态化教学模式可以最大化地发挥学生的主观能动性，培养他们发现问题、提出问题、解决

问题的创造性思维能力。

语言学习的效果很大程度上依赖于所接触的语言的量和内容，真实自然的语言环境对于语言技能训练至关重要。自媒体时代信息技术因子的导入将会使大学英语 ESP 教学打破时间和空间的界限，在开放的生态系统中寻求"教"与"学"的平衡发展。在"自主—合作"的教学模式中，教师可在课前布置若干教学任务，抛出本堂课要解决的若干问题，再利用自媒体平台引导学生学习、讨论，最终汇报与展示学习成果。例如：生僻的、冷门的英语专业词汇可以布置成预习任务让学生提前搜索，在开放的网络环境中他们学会辨别信息的真伪，进而学习、理解、掌握英语专业词汇的意义和用法，效果往往比老师在课堂上扯着嗓子反复强调要好得多。在传统大学英语 ESP 课堂上，教师往往需要花整节课去讲解的语言知识完全可以录制成通俗易懂的微视频或电子课件，发给学生让其利用碎片化的时间进行课前自学。同时，在自学过程中，学生之间可以利用 QQ、微信等社交平台分享学习心得，教师亦可以了解学生的学习进度，解答学生自学中遇到的难题。通过学生前期的自主探究、交流讨论，他们会对知识形成自己的理解，进而在课堂上针对教师课前抛出的问题进一步探索、解决，汇报和展示自己的学习成果。

在这一过程中，同为课堂生态主体的教师和学生间互相尊重，彼此配合，协同发展。师生互动、生生互动的大学英语 ESP 生态化课堂得以实现，学生们的自主学习能力提高，英语学习更为个性化、自主化、专业化。

（三）构建基于信息技术的多维度测评体系

构建基于信息技术的多维度测评体系是大数据时代下大学英语教学改革的重要环节之一，是实现人才培养目标的重要途径。在大学英语 ESP 教学中，利用信息技术提供智能化的评价和测试方式应得到更多的重视。以网络平台为依托，建立多维度测评体系，基于多元层级共时历史的数据分析，提供适合时代发展的智能化评价和测试方式，将日常教学、自主学习和测试评估有效结合。学生可随时自测知识的掌握情况，教师也能通过自媒体平台、信息技术实时跟踪和了解学生的学习情况、学习成效，师生间可及时地沟通、反馈，教师则可据此进一步调整教学内容与节奏。

（四）完善网络教学平台及移动学习平台资源建设

自媒体时代，大学英语 ESP 教学活动的开展离不开网络教学平台及移动学习平台资源建设。中国经济高速发展的今天，自媒体平台的发展、支付方式的改革，使得人们的生活一刻也离不开网络、离不开手机。如今，在大学校园里学习的"95 后"更是从一出生就浸润在电脑、手机、互联网的世界里，他们的学习方式与习惯已发生了翻天覆地的变化。这一切都呼唤着高等教育的改革与创新，王守仁教授也曾指出，大学英语要大力推进教学与信息技术的融合。

事实上，各大高校普遍十分重视网络自主学习平台的建设，基本每所高校都有自己特色鲜明的大学英语网络自主学习平台。它们大多具备强大的功能、完善的配套设施且可实现多终端支持，教师可通过平台展示和共享教学资源、开展教学互动。然而，现阶段的大学英语网络自主学习平台大多还停留在"通用英语"（EGP）的阶段，针对"专门用途英语"（ESP）的教学资源少之又少。在高校纷纷从"通用英语"（EGP）向"专门用途英语"（ESP）教学转型的今天，如何完善ESP网络教学平台相关课程的教学资源（教学课件、教学视频等），如何开展互动式教学活动（利用自媒体平台开展学习讨论、辅导答疑等），如何完善教学平台所支持的移动学习平台资源，使学生可以根据自己的语言水平、专业需求和学习兴趣选择不同的学习资源等，都是值得深入研究的课题。

随着经济全球化的深入，当今社会英语学习的目的已经发生了颠覆性的改变。过去支撑大多数英语学习者学习语言的动机往往只是单纯的兴趣使然，这其实是一种"无目的的英语学习"，他们只是为了"从懂英语中找到乐趣"。而今天的英语学习者，他们的学习目的已越来越明确，他们中的大多数人是为了通过语言的学习"找到了解世界先进科学技术和经济商业的钥匙"。罗选民教授曾做过一项调查，调查显示，中国铁道部下属的翻译中"百分之五十以上毕业于非英语专业"。如果毕业生想要在这个竞争激烈的社会中脱颖而出，具备扎实的专业知识往往还不够，良好的英语学术交流能力和跨文化交流能力无疑能为其将来的职业发展添砖加瓦。因此，如何在教育生态学理论视阈下，利用自媒体时代信息技术，构建生态化的大学英语ESP教学模式，培养学生的学术英语交流能力和跨文化交际能力是十分必要且迫切的。我们将在后续研究中进一步探索更多切实可行的生态化大学英语ESP教学模式。

第三章 "互联网＋"背景下信息技术与英语教学深度融合的机遇与挑战

第一节 "互联网＋"背景下信息技术与英语教学融合带来的机遇

随着素质教育的开展和科学技术的进步，现代信息技术对于学校教学起着举足轻重的作用。信息技术由此为教师的教学工作带来新的挑战和机遇。教师需要更新观念，实现角色转变，并学习在教学中合理、正确地使用多媒体和信息技术，优化教学方式，模拟学习情境，激发学生学习英语的兴趣，扩大知识面，增加阅读量，培养自主探索的能力和文化素养，提高教学的有效性和时效性，实现资源共享。

随着我国经济突飞猛进的发展和全球经济一体化的进程，知识文化的传播方式也发生了一系列的变化，信息文明已经越来越成为人们生活工作中不可或缺的重要部分，极大地改变了人们的思想观念和行为习惯。人们在享受数字信息带来的便利的同时，传统的教育观、人才观和教育模式也都面临着新的挑战，这就引起了教学的思想、内容和方法上的深刻变革。

英语教学作为这一课题的重要组成部分，要求教师及时地转变教学观念，改进教学方法，积极学习信息技术，以实现传统教师角色的转换，适应信息社会对于教师所提出的新要求。当然，信息技术在提出挑战的同时，为英语教学提供了更多的机遇，它引领教师走上一条新的英语教学的道路，为激发学生的英语学习热情、提高英语的应用能力打开了更为广阔的天空。下面就分别来讨论一下信息技术为英语教学带来的挑战和机遇。信息技术已经逐步渗透到英语教学的各个方面，如电子课件、多媒体教学、远程教育、计算机辅助教学等，这些在为教学带来巨大方便的同时，也对教师的学习和创新能力提出了更新更高的要求。英语教师需要积极学习新的知识和技术，学会操作各种多媒体设备，不断地更新自己的知识结构，扩大自己的知识容量，这也符合现代社会对人才的要求，那就是"活到老，学到老"。

另外，信息技术和多媒体设备的普及，使学生的学习途径更加多样化，除了在学校课堂上学习之外，还能够借助网络课堂、电子书籍、英文视频等来提高自己的词汇量和听说读写的能力。但是如果学生运用不当，又会出现负面作用，从而阻碍英语的学习。这就使英语教学面临新的问题：如何使学生正确合理科学地使用信息技术和多媒体来学习，这需要广大英语教师思考。

在信息化社会的背景下，英语教师要积极应对，更新观念，实现角色的转变，以此来适应新形势对于英语教学的要求。所谓更新观念，就是要求教师树立新型的教育观、人才观和方法论，不断地更新自己的知识结构，使信息技术更好地为英语教学服务。所谓转变角色，是要求英语教师在教学活动中，不再固守于传统的角色定位，由传统的知识传授者，转变为学生学习的引导者和监督者、课堂教学的组织者和示范者，并且随着信息技术的发展，还会发现更加多样的角色。

信息技术把计算机与艺术相结合，可以使信息的获得和传播具有强烈的艺术感染力。课堂的内容可以通过图像、视频、动画、声音等来表现，使课堂更加充满感染力。何克抗教授在《创造性思维理论模型的建构与论证》一文中指出：基于言语概念的逻辑思维离不开表象。任何语言的抽象概念和形式结构如果不能通过表象来表现，就不能表达出应有的意思。对于一门从未接触过的语言，学生缺乏对这门外语的了解和体验，因此很难挖掘出对这门语言的热爱和求知欲。所以，这就要借助于多媒体为学生营造出形象生动的环境，使学生能在身临其境中使用语言，从而达到学习语言的目的。

夸美纽斯说过："兴趣是创造一个欢乐和光明的教学环境的重要途径之一。"人们总是对自己感兴趣的事情才能真正地投入热情和努力，才会主动自觉地学习而不会感到枯燥。但是，在从小到大的英语学习中，因为一成不变的传统教学模式，很多学生已经逐渐丧失了对英语的兴趣，并且因为英语学习的枯燥和抽象化，造成其英语学习上的困难，从而降低了对于学习英语的信心。然而，现在在多媒体技术的辅助下，教师可以模拟出在日常工作学习生活中的现实情境，与现实生活紧密联系，使学生置身于真实的情境中，曾经抽象的英语语法变得具体，曾经枯燥的英语知识点变得生动形象，多媒体技术可以把平面的英语知识转化成图文并茂的语言知识，转化为动态的视频，把听说读写结合起来。

在目前的教学中，存在学生英语阅读量小的问题，这是学生手中的资料有限且更新慢所造成的。现在互联网上有大量的英语学习网站，包括一些名校的英语学习资料，可供学生浏览和下载，这样学生就可以在课下通过更多的途径来提高自己的英语阅读水平。

英语是国际公用的语言，为全球的跨文化交流起到了桥梁的作用。因此，英语的学习就是一种跨文化的学习和交际活动。现代信息技术可以为跨文化交流能力的提高起到促进作用。学生可以通过互联网收听 VOA、BBC 等新闻时事，在锻炼听力的同时，了解当今国际时事，掌握社会发展趋势；学生也可以从因特网上找到经典的国外原声影片和纪录片，了解各地风土人情和当地文化；学生还可以通过网络了解最新音乐资讯，学唱英文歌曲，对于英语学习也大有裨益；另外，还能通过网络看英文经典著作和诗歌等。这些在提高学生英文水平的同时，还能提高他们的文化修养和知识素养，进而全面提高学生的素质。

传统的教学模式都是以教科书、习题册和磁带等实物形式出现的，由于教材等编写的问题，造成教学内容的滞后性，可能会与社会和语言的变化相脱节，造成学生所学非所用。而信息化教学就解决了这一问题，为教学提供及时的、生动的课外资料和补充。另外，传统的备课、考试等环节都依赖于纸质的教材、试卷，对于信息的查找、整理、选择需要的时间成本会大大高于使用数字化信息技术，其效率也势必要远远低于数字教学。而通过电脑、投影仪等设备，可以以图像、视频、声音等形式，生动形象地呈现出原本抽象、晦涩的理论内容。

21世纪是一个信息爆炸的时代，每天都有大量的信息资源通过各种途径和方式进行传递。但由于某些局限性，不可能获取所有自己所需要的信息，这就需要信息的共享。信息技术为此就提供了巨大的便利。比如，可以通过信息搜索来查找任何自己需要的内容；也可以通过网络资源共享，把自己所有的资源共享到服务器给需要的人使用；还可以通过存储和输出设备（如mp3、mp4等）来进行信息的传递，既便于携带又经济环保，而且还可以随时更新。这些都是通过信息技术来实现的。

随着人类社会的发展和科学技术的进步，越来越多的数字化技术和设备被广泛运用到日常生活和工作中。教师在运用信息技术进行英语教学时，能够深深体会到其对于提高英语教学质量和效率的巨大作用。英语教师要认识到，信息技术能够辅助教学工作的开展，同时教学工作又能推进信息技术的进一步发展，二者是相互影响、相互作用的。

面对信息化的浪潮，教师要积极更新观念，转变自身角色，充分调动自身的主观能动性，挖掘自己和学生的潜能，与时俱进，勇于迎接挑战，相信在信息技术的帮助下，英语教学之路会走得更好更远。

第二节 "互联网+"背景下信息技术与英语教学融合带来的挑战

21世纪以来，信息技术快速发展，信息技术的广泛应用推动着教育教学的重大变革。从90年代欧美等国就开始了信息技术与课程教学融合的研究，到2008年真正的第一门慕课诞生，2012年以后大量慕课呈现在网络，至2014年我国慕课在线注册人数已达65万。在全球信息化的浪潮中，职业教育同样需要开展一系列教育改革。我国对于职业教育信息化建设十分重视，《国家中长期教育改革和发展规划纲要（2010—2020年）》《教育部关于加快职业教育信息化发展的意见（2011—2015年）》《教育信息化十年发展规划（2011—2020年）》《现代职业教育体系建设规划（2014—2020年）》都强调要加快职业教育信息化建设，以信息化推动职业教育现代化。作为职业教育最高层的高职教育，其信息化建设的意义与作用显而易见。信息技术与职业教育的融合并不是简单的技术引入与应用，是改变传统课堂教学结构与模式乃至学校教育体系的根本性变革。解文明等教授认为教育教学与信息技术深度融合要"创建新型教学方式，建立课堂教学与基于网络的自主学习相结合的混合式学习的教学模式"；余胜泉教授支持"突破既有体制制约，以信息化服务为核心，推进教学管理模式的组织结构实现优化和变革"。张永涛、藏志超等教授强调，重点是"改变教育教学方法，通过创新搭建新型学习平台，优化个人空间，通过学习者主观能动性推动信息技术在教学中的应用"；胡晓松教授认为"以教学手段创新为起点，在教学组织形式、教学内容及呈现方式、教与学关系乃至教书育人进行一系列创新，创设有支持的自主学习的全新教育模式"。李玉顺教授强调深度整合不应忽视教师的作用，"要以提升教师能力推动信息技术与教育深度融合，提高技术辅助下的教与学方式创新、信息技术与教学融合的水平"。

本科教育部分课程正进行着信息化与教学融合的课程改革，如翻转课堂和思政慕课等，学生学习效果反映良好，可是高职教育信息化还未开展推广。以乘务学院为例，目前该院毕业生90%以上就业于各大航空公司，而用人单位普遍反映该院毕业生英语水平较低。针对这一问题该院一直坚持重视英语课程，聘请大量师资采用小班教学，一个学期英语课程可达160课时。但是学生的英语水平并没有显著提升，相反英语相关证书的取证率逐年下降。与此同时，学生抱怨英语课程太多不爱学，教师硬着头皮教，推着学生学。为了让学生课上专注，学院也想了不少办法，比如避免信息化的干扰——收取手机，避免课上睡觉——加大课堂提问和作业检查力度，避免课上闲聊——减少课堂讨论。然而这些方法没有从本质上改变学生对英语课的态度，学生上课状态低迷，课堂教学效果不理想。

调研发现，在信息化时代，如果说学生完全排斥英语是不准确的，学生每日依赖网络通过手机获取国外英文资讯、观看英文电影、欣赏英文歌曲等，但就是厌恶在课堂上捧起英文课本学习英语。英语基础弱的学生认为课本内容复杂、专业、枯燥，从而产生放弃的想法；而英语基础强的学生则认为内容过于浅显，自学就能轻松完成学习，课上不能满足自己的学习需求。在这种情况下英语课堂学习气氛愈来愈差，成绩差的学生看到成绩好的学生都不认真听课更加肆无忌惮。

若将信息技术适当地引入英语课堂，构造多模态的网络生态环境，可以改变以教师为主宰的传统课堂，突出以学生为主体，引入更多的教学资源，以多模态形式展示教学内容，激发学生的学习兴趣，调动学生的主动性；突破教学重点与难点，从而增强英语课程教学效果并提高质量。

教师应该转变观念，少抱怨学生基础差；创新教学活动，改进教学方法，更新教育观念。最终目的是让学生掌握知识并且在实践中灵活运用。所以教学的终端是学生，而不是教师个人才能的展示。让学生参与课堂，发挥其在课堂中的主动和能动作用；树立学生在课堂上的主体地位，让学生成为学习知识的主人，使学生从被动的学习者转变为主动的学习者，从而建立高效课堂。依靠互联网和信息技术的进步，翻转课堂、慕课、微课、各种学习应用软件、网络学习平台等的兴起，让学生占据主体地位更容易实现，而教师则转变为学生学习的幕后工作者，借助信息技术通过引领、督促、检查与推动帮助学生完成学习任务。强调学生是学习的主体，是信息化教学的直接参与实践者，更是终端受益者。教师运用多种模态，具体生动地向学生展现教学内容，如一系列动态图片、音乐音频、影片片段、动漫演示等，激发学生的英语学习兴趣，使他们对教学内容更易于理解并印象深刻。在传统英语课堂中，为了掌握学生的作业和学习情况，教师不得不占用大量课堂教学时间。在课堂检查的同时，也会造成其他学生的分心与等待。阶段考试更是需要聘请大量教师协调时间耗费至少四个课时才能完成。若是将信息化合理引入，课后教师可以使用网络学习平台和测试 APP 进行作业布置，在规定的时间内学生需要完成在线测试和语音上传，更灵活地安排时间检查学生作业，完成批改。同时，信息化软件可以将每个学生的学习过程完整地记录下来并且根据相关设置进行成绩分析，快速生成数据。教师可以根据学生的测试记录为学生推送不同等级的资源和安排个性化的学习，加大对学生的语言输入力度，人为最大化地创造英语语言学习环境。利用信息化教学手段，可以体现学生的主体地位，开展个性化的教学与测试。

信息化教学的学习方式有别于传统教学方式，主要表现在其具有灵活多样性。课堂不再是传授知识的唯一场所，课本不是仅有的学习资源，互联网提供丰富的信息知识补允课本内容；教师不仅仅是知识的灌输者，更是学习方法的引导者、未解知识的解惑者。课堂教学与现代信息技术的合理融合，通过丰富自主学习的知识资源，拓宽自主学习的路径，正确引导学生自主学习，改变学生习以为常的"被动式"学习模式，为学生养成终生学习的习惯打下基础。

在高职传统教学中，师生互动只限于课堂；师生之间并不熟悉，学生甚至认不出自己的授课教师。采用信息化辅助教学，师生互动将不受时间与地点的约束，学习过程从固定单向灌输转变为双向互动的多元化模式。课前，教师在学习平台发布课前预习任务单，推送相关学习资源；课中，教师可选用最新的英文新闻与视频，吸引学生参与课堂并鼓励其大胆发言，利用学习平台快速建立讨论小组，布置思考题组织学生自行查找资料整理后找到答案，增强学生自主学习的信心；课后，利用平台布置作业，群里及时统一答疑解惑和辅导与纠正单个学生，拓展课堂知识帮助有能力的学生进行深一层次的学习。

采用互联网信息化教学手段，教师不再是单纯的独裁者和灌输者，而是课堂的引导者。利用信息技术，教师可突破固定课本内容的局限，为学生提供丰富生动及时热门的学习资源，让学生接触到来自不同国家与地区的英语母语者发音，提高学生的听力理解能力，真正实现英语的无障碍交流。强调学生为课堂主角，让学生真正成为学习知识的主人，由被动学习者转变为主动学习者，学生参与课堂发挥主动和能动作用；结合案例教学法和情景教学法，培养学生的分析能力和解决问题能力，从而建立高效课堂。信息化融合的英语教学，教师不仅需要良好的专业知识素养、课堂组织能力，还需要掌握现代化信息技术，如操作各种软件、制作视频动漫、搭建管理学习平台、与学生进行"线上线下"互动和数据统计与分析。关注学科的前沿科技最新理论，与时俱进，并且乐于与学生分享和讨论，开拓思路。

职业教育信息化与教学融合可以突破传统的教学方式，激活新的思路，新的教学方式可以创造多元化互动式的学习新文化，从而提升学习效率。强调学生为主角，教师不再是单纯的独裁者和灌输者，而是学习的引导者；让学生真正成为学习知识的主人，由被动学习者转变为主动学习者，培养自主学习能力。每一个学生都是一支需要点燃的火炬，在信息化时代教师必须积极学习、开拓思路、与时俱进，调整与学生的关系，建立平等的、民主和谐协作的关系，成为学生的点火者、引路人。

随着现代信息技术与大学英语教学的深度融合，产生微课、慕课、翻转课堂以及网上自助学习平台等多种新的混合教学模式。这种多元化的教学模式对大学教师的信息技术素养、教学方法和手段提出了更高的要求。

在信息技术飞速发展的今天，网络资源极大丰富，学生能够通过网络获得海量的专业知识，教师不再是学生获得知识的唯一来源，也不再是专业知识的专享者。教师的信息优势被打破，如果不加强自身专业知识的深度学习，不了解学科前沿动态，就很难适应大学英语教学内容的更新和学生对英语专业知识的更高要求。而且由于传统大学英语教师所学专业的局限和学科背景的单一，知识结构大多囿于英语语言文学范围，在互联网＋时代背景下面对来自不同学科背景的大学英语学习者时，学科知识会显得狭窄，很难满足学生对自己所学专业相关英语知识的需求。

随着21世纪人类已全面向信息社会迈进，培养创新型人才需要信息化教学环境的支持。在传统的大学英语教学中，教师只是课程内容和教材设计的执行者、实施者，而在互联网＋时代背景下，教师必须要逐步转变为教学内容的开发者、设计者，才能更好地利用网络辅助英语教学。因此需要有熟练的电脑操作技术，熟悉各种教学软件，能制作精美的教学课件；同时还必须具有较强的网络管理能力，能利用微信等积极参与网络资源的建设和网络平台的管理；此外还需要具备制作微课所需的相关技术，如视频音频录制、剪接、配音、合成等。因此，大学英语教师必须跟上时代的步伐，否则就会被信息时代和网络时代淘汰。

在传统的大学英语教学中，教师主要靠口头讲述和板书进行知识的传授，而学生基本处于机械记忆、被动接受状态，教学形式单一枯燥。而在信息技术时代，计算机网络技术成了辅助大学英语教学的必要手段，慕课、微课、微信、自主学习平台等相继投入使用，如果教师继续沿用传统的教学方法，不及时更新、采用先进多样的教学手段，教学效果势必大打折扣、教学质量难以提高。

网络资源的开放性使得信息资源丰富、及时、触手可得，还意味着信息资源的共享，部分学生甚至有可能比教师提前或者更全面地掌握一些信息。尤其是慕课和网络公开课展现了很多名校、名师、名家的教学过程，使得学生对大学英语教师自身的专业知识有了更高的期待和要求，因此大学英语教师必须加强专业知识的学习，不断地完善自己的语音、语法和语言组织能力，同时关注本专业领域的学科前沿动态并将其运用到自己的教学过程中，以激发更多学生英语学习的积极性。

此外，大学英语教师还应努力拓宽自己的知识面，更多涉猎不同专业专门用途英语的知识，如医学英语、法律英语等，以适应不同专业背景的大学英语学习者的要求，同时为大学英语高年级阶段开设后续课程做好准备。总之，大学英语教师应树立终身学习的理念，努力提升自身专业水平并不断更新知识结构。

在"互联网+"时代背景下，传统的"填鸭式"教学方法已不能适应大学英语教学，一支粉笔一块黑板的传统手段和配置也已无法满足当代大学生的求知欲。大学英语教师要善于学习，除了熟练地运用多媒体设备授课，增强课堂吸引力之外，还应充分地利用微信、自主学习平台等多种辅助手段和慕课、微课等丰富网络资源为学生设置具体学习任务并检查学习效果，从而实现"平台、教师、学习者和学习资源的深度互动"。同时还能让学生有效利用课余和碎片时间，将大学英语的学习贯穿于整个学习阶段，使课余课后的自主学习规律化、常态化，以督促和帮助学生养成良好的语言学习习惯。

同时，大学英语教师还应勤于思考，着力改进传统的教学方法。不再沿袭过去教师一人唱独角戏，学生被动接受的教学模式，而是借助多媒体影音设备，为学生创设生动有趣且真实的英语学习情境，让学生主动参与到语言练习活动中来，增强交流性和实用性；此外，教师也可以将学生分为若干学习小组，为其设定具体学习目标，让学生就课堂布置的微课、慕课、视频话题和内容进行讨论，最终以汇报、辩论、表演等方式呈现学习成果，促进学生合作学习、增强团队意识，而教师也应以合作者和引导者的身份加入活动中去，同时答疑解惑，以"润物无声"的方式将语言教学的要点渗透到课堂活动中；大学英语教师还应特别注重培养学生的问题意识，启发、鼓励学生大胆提问、质疑，从而在英语课堂教学改革过程中真正为学生构建起一个体验、探究、合作、交往、互动的英语学习平台。

随着计算机网络技术的不断发展，现代信息技术与教学的结合无疑已是大势所趋，这一结合给当代大学英语教师提出了更高的要求。一方面，大学英语教师必须具备基本的计算机操作和网络知识，才能具有搜索网络信息和资源的能力，才能与层出不穷的新知识、新信息保持同步，进而不断地更新和改进自己原有的专业知识体系；另一方面，在信息时代，当学生面临浩如烟海、良莠不齐的英语学习资源冲击时，只有具备必要的信息技术能力，才能恰当地整合网络资源，进而给学生推荐、传授正确、适当的语言知识信息，让学生受益；此外，大学英语教师还应积极地参加信息技术培训，不断地学习新的信息技术，如：计算机操作、PPT 制作、音视频录制剪辑合成、网络平台的控制与管理等，将自己的专业知识和教学理念以及学生个性化的学习要求融入自己的 PPT、微课或是网络公开课开发中，从而制作出具有鲜明个人风格特色的教学内容。只有这样，大学英语教师才能真正成为课程的开发者、设计者，从而适应日新月异的时代发展。

在网络技术飞速发展的信息化时代，资源的及时性、丰富性和开放性让教师失去了原有的资源优势，同时随着国际交流和跨文化交际的日益频繁以及社会和学生的要求的不断提高，大学英语教师面临着巨大的冲击和挑战。要想适应这一形势，大学英语教师务必要转变自己的角色,明确自己的定位,做学生学习的促进者、引导者,课程的开发者、设计者,教学改革的研究者、实践者,树立终身学习的观念,不断自我完善,谋求发展。率先掌握教育信息技术,具备收集、整合资源和运用、传授信息的能力,积极探索"互联网+"环境下的英语教学改革问题,以不断地提高英语教学质量,为培养具有较强语言交流和综合运用能力的复合型人才作出贡献。"互联网+"时代背景下新兴、多元混合教学模式不会取代传统教育,但一定会让传统教育焕发出新的活力。

第三节 "互联网+"背景下信息技术与英语教学发展趋势研究

"互联网+"背景下,现代信息技术的广泛应用给基础英语教学带来了无限生机和活力:能帮助教师获得更多的资源,实现资源共享;能丰富教学手段,改变学习、教学方式,探求新的教学模式,优化教学;营造互动的教学氛围,提高教学效益。因此,通过对"互联网+"背景下基础英语教学新模式的研究,有望打破以教师为中心、视学生为接受知识的容器、扼杀学生发展空间的封闭型教学模式;同时激发教师努力贯穿开放的教学理念,充分发挥信息技术的作用,寻求信息技术与学科课程相结合的最佳切入点,以达到提高基础英语教学有效性的目的。"互联网+"背景下基础英语教学新模式——"互联网+慕课+微课+微信+翻转课堂"的多元混合教学模式的构建,既有助于实现学生个性化、主动化的自主学习,又能提高基础英语的教学质量,更能促使教师从自身教学工作的实际和学生的实际出发,探索提高基础英语教学有效性的途径和方法,这是基础英语教学改革与发展的必然趋势。

在"互联网+"背景下,高等教育的信息化浪潮已经势不可挡,教学模式、教学内容、教学形式都在不断寻求创新,教师的角色也正在由知识拥有者、传授者转变为学习活动的组织者、导向者;在教学模式上,正在从以教师为中心向以学生为中心而转变;"线上线下"相结合的混合教学模式正在逐渐取代传统只靠面对面授课的方式;以注重结果评价转变为结果与过程相结合的评价,并且更加注重学生学习的过程性评价;授课教师需要提供丰富的学习资源,同时将策略型学习、网络型学习、参与型学习有机结合,通过高等教育的信息化创新高校教学模式,促进高校教学质量显著提高。混合教学模式应顺应教育信息化的号召,在高校教学(尤其是英语教学)中得到越来越多的关注,本节旨在研究如何在"互联网+"背景下应用混合教学新模式——"互联网+慕课+微课+微信+翻转课堂"的多元混合教学模式,促进基础英语教学效果的提高。

基础英语是面向英语专业一、二年级开设的一门主干课,是高校英语专业课程体系中开设时间最长、课时量最多、最基础、综合性最强、涉及面最广、对学生全人培养效果最显著的一门专业必修课程，也是学生投入精力最大的一门课程。但在传统基础英语教学中，教师主要采取面对面的课堂授课方式，语法、词汇、修辞、翻译等面面俱到，学生学习目标不明确。虽然老师采用了一些现代化的信息技术，如课堂上使用多媒体课件、视频、音频等资源，但学生仍会感觉学习内容枯燥乏味，学习积极性受挫，表现为在课堂上参与度不高。口语环境缺乏，学生的主体性就得不到体现。但如果让学生成为课堂的主导，逐一进行发言讲解，对于英语水平参差不齐的普通本科生而言，无疑加大了课堂难度，学生学习英语的信心就会遭受打击，无疑增加了完成教学任务的难度。因此，不管是学生还是教师对于传统基础英语课堂上只注重传授语言知识的单一教学模式并不满足，学生也希望教师能够利用新的教学手段提供更好的学习环境和氛围，使他们能够更直观、更感性地享受学习过程。众所周知，基础英语课程教学质量直接影响到英语专业人才培养的质量。因此，基础英语教学模式改革迫在眉睫，这也是本节选择基础英语这门英语专业必修课程教学为例的主要原因，试图构建出基于"互联网+"的混合教学新模式，服务于基础英语教学。

自易观国际董事长兼首席执行官于扬在2012年11月的易观第五届移动互联网博览会上首次提出"互联网+"理念以来，引起了越来越多专家学者的关注。北京大学移动政务实验室宋刚博士认为："互联网+"的"+"，不仅仅是技术上的"+"，也是思维、理念、模式上的"+"。总之，在"互联网+"的涌动中，教育已成为其中的一个加数。如果说，第一代教育以书本为核心，第二代教育以教材为核心，第三代教育以辅导和案例方式出现，那么，如今的第四代"互联网+"背景下的教育才是真正以学生为核心。"互联网+"教育的结果，将会使未来的一切教与学活动都围绕互联网进行，老师在互联网上教，学生在互联网上学，信息在互联网上流动，知识在互联网上成型，线下的活动成为线上活动的补充与拓展。随着教育互联网化，互联网与教育找到了优势互补的契合点，并引发教育行业的广泛创新和变革。因此，我们教师有必要通过"互联网+"让传统教育焕发出新的活力，才能与时俱进。翻转课堂是互联网时代的教育革命，它颠倒了传统学习过程中的知识传授和知识内化两个阶段，要求"课前学生通过观看教学视频完成知识的传授，课堂上学生通过各种教学形式完成知识的内化"。国内很多学者对翻转课堂在英语教学中的应用展开过有益的探索，他们认为翻转后的课堂以问题为驱动，以教学活动为中心，以提高教学效果为目标，满足了英语学习的个性化需求，有利于提升学生的信息素养、自主学习能力和英语综合应用能力。

"教学模式是指在一定的教育思想、教学理论和学习理论指导下的、在一定环境中展开的教学活动进程的稳定结构形式。"混合教学模式是随着网络和计算机技术的发展而产生的一种传统教学和网络教学相结合的一种教学模式：基于多种教学理论（如建构主义、行为主义和认知主义）指导，运用多种教学设备和工具、教材和媒体，坚持以学生为主体、教师为主导的教学理念，将课堂教学方式与互联网教学方式有机结合，建设良好的教学环境，最终达到最优教学目标。这里所说的混合教学模式既包括教师在课堂上的讲授和对学生网络平台自学的指导相混合，也包括学生在课堂上学习和课前课后的网络平台学习相混合。教学资源和教学环境的混合是混合教学模式顺利进行的基础。它能够将面授的优点和网上教学的优点相结合，综合"教为主"和"学为主"的优势，在教学实践中既能显示出老师的主导作用，又能体现学生的主体地位，使学生在教师的帮助下在恰当的时间应用合适的学习技术积极主动地获取知识，最终达到最好的教学效果。虽然近年来有一些教师在教学中尝试使用混合教学模式，但仍存在很多不足之处，比如：学生的课前学习效果得不到有效保证；如何帮助学生养成在课前课后论坛互动交流的习惯；等等。因此，有必要对此进行更深入的探讨。

"慕课（MOOC）"，即"大规模在线开放课程"（Massive Open Online Courses），是指由主讲教师负责的、支持大规模人群参与，除了传统课堂上教师常用的讲课视频、阅读材料、作业练习外，还具备论坛互动、邮件和考试相互交织的网络教学过程，主要基于互联网平台运行。慕课提供了海量的教学资源，教师可以根据学生的基础精心挑选合适的教学资源，课前让学生利用"互联网＋慕课"自主学习以输入语言；课上老师加以引导讨论，让学生汇报学习成果，以巩固内化知识，实现"平台、教师、学习者和学习资源的深度互动"；课后教师和学生及时反馈以促进学生改进学习策略。在这种新型教学模式引导下，学生成为课堂的主人，教师成为指导者，充分发挥学生的课堂主人翁精神，真正做到课堂翻转。

大量实践证明："互联网＋慕课＋翻转课堂"三者有机结合可以做到优势互补，有利于语言的输入和输出，适用于基础英语课程教学。对于学生而言，优质的视频资源比课堂教师面对多个学生讲授的输入效果更好；学生可以不受时间和地点限制反复观看，更符合学生个性化学习需求；分组合作式学习可以提高学生学习的主动性和合作意识。对于教师而言，教师摆脱了课堂讲授的枯燥和劳累；课堂教学与在线讨论、反馈的无缝对接能使教师更深入地了解学生，从而更好地开展个性化教学;为了充分发挥教师在学生学习中引导、帮助和评价的作用，教师需要不断地提升自己的能力，也有利于教师的职业发展。由此可见，这种"互联网＋慕课＋翻转课堂"的混合教学模式是实现教师与学生双赢的最优化教学手段。

微课（Micro Lecture）的概念最早是由美国学者 Davis Penrose 创作的"一分钟微视频"。在国内，胡铁生最早将微课定义为"按照新课程及教学实践要求以教学视频为主要载体，反映教师在课堂教学中针对某个知识点或教学环节而开展教与学活动的各种教学资源有机组合"，是一种基于构建主义、移动学习为目的的实际教学手段。简而言之，微课就是将某个知识点或教学环节录制成短小的视频，借助网络共享给学生。微课包括微视频和微资源两部分，即重点知识的精练讲解和与之对应的课件、教案、练习、测试等教学资源。可以说，"互联网＋微课"在基础英语教学中的使用，弥补了现行基础英语教学的弊端。首先，微课是以视频为主的载体，短小精悍，目标明确，重点突出，结构紧凑，内容丰富，趣味性强，可供学生在课前、课中、课后反复观看，更方便他们利用课前、课后的时间，拓展教学平台，延伸课程边界，延展英语课堂的学习时间和空间，优化教学资源，增加了教学中的互动，兼顾不同层次的学生的知识消化能力，加强学生的自主学习性和自信心。其次，相对于冗长的英语课文而言，短小的微课视频更能引起学生的学习兴趣，主体新颖、设计精良的视频能将枯燥乏味的语言点、知识难点浓缩为 5 ~ 8 分钟的趣味微课，增添了课堂的趣味性，营造轻松的课堂学习氛围。教师可以有效地延伸课堂教学内容，拓展学生的知识面，完善学生的知识体系。微课是实现翻转课堂的重要前提，也是课堂教学的拓展和延伸。随着移动互联网和智能设备的发展，这种"互联网＋微课＋翻转课堂"的混合教学模式将成为英语教学的新常态。

随着信息技术的发展，手机已经成为人们（尤其大学生）获取信息的主要载体。腾讯公司 2011 年推出一款集多平台、多媒体于一体的微信免费通信服务应用程序，因其迷你性、易操作性、多维交互性，已经成为人际交往中不可或缺的通信手段之一；另外，目前各高校校园无线网络覆盖基本到位，为微信使用摆脱流量限制提供了条件。微信在高校教学中的使用已具备了充分的可行性，尤其是对英语教学已产生了重要影响。形式多样的微信英语学习平台（英语趣配音、英语流利说、空中课堂等）不仅为学生提供了丰富的英语学习资源和有趣的学习形式，而且以其移动性和随时性能打破以教师为中心的单向知识传授模式，实现教学的多元互动，也有利于学生充分地利用课余时间实现语言碎片式学习。微信英语学习平台利用微信软件的客户端和公众平台实现资料传送、资源共享、互动交流等功能。因此，教师可以以班级为单位，建立微信群共同探讨学习问题，营造学习氛围。课前，给学生发放任务单，指导学生利用"互联网＋微信"自主学习以输入输出语言；课上，讨论、汇报学习成果以巩固内化知识；课后，师生还可以通过微信群、朋友圈共享有用的学习资源，师生之间可以通过文字、图片、语音、视频、课件、网址链接等方式进行实时交流，多感官的刺激不仅能够极大地激发学生的学习热情、提高学生学习效率，而且完全符合现代学生的学习特点，可谓好处多多。因此，这种"互联网＋微信＋翻转课堂"的混合教学模式从一开始就深受老师和学生的喜爱。

在"互联网＋"背景下，课堂和教师不再是学生获取知识的唯一源泉，通过互联网学生能够随时随地、方便快捷地获取多样化的学习资源。课堂不再是知识传递的场所，而是教师引导学生掌握学习策略、答疑解惑的场所。自主学习、主动学习、合作学习、个性化学习是"互联网＋"时代学生学习的主要方式。因此，构建并实施基于"互联网＋慕课＋微课＋微信＋翻转课堂"的多元混合教学模式有助于实现优质教学资源与新兴教学模式的有机结合，是英语教学改革的方向与未来发展趋势。这要求教师要跟上新技术发展步伐，具备使用信息技术的意识、知识和能力，具备制作微课视频、监测学习平台、线上线下与学生互动等信息技术；运用现代科技技术改革教学模式，处理好传统教学与现代教学手段之间的关系，延续对学生思想、情感、人格等方面的影响作用；不仅实现了教学方法、教学手段和教学理念的转变，而且还实现了教师角色定位的转变，从过去的"传道、授业、解惑者"转变成为学习、引导、促进、参与、协调、开发和研究的角色。

第四章 "互联网+"背景下信息技术与英语教学课程与课堂研究

第一节 "互联网+"背景下信息技术辅助与大学英语教改研究

当前，大学英语教学改革中存在着学生口语表达能力较差、师生之间缺乏应有的互动、教学方法单一、忽视学生的个体差异性等问题，信息技术的普及为大学英语教改提供了契机。教师应当全面地研究信息技术辅助下的大学英语教改问题，运用信息技术因材施教、丰富教学方法、加强师生互动、推动教师的专业发展。

在大学英语教学过程中，大多数学生存在学习兴趣低、口语能力差、自主学习能力低等问题，教师的教学方法也较为单一僵化，这无疑影响了大学英语的进一步发展。而信息技术的普及和应用，使大学英语的教学手段更加多样化，教学内容更富趣味性，学生的学习积极性也得以提高。同时，学生在课堂上的主体地位也日益突出，师生间的互动交流逐渐增多。学生间也开始通过微博、微信、论坛等网络社交工具，进行英语学习交流，这极大地提高了学生的英语学习兴趣。可见，信息技术的普及为大学英语教学改革提供了更多的便捷性，我们必须抓住这一时代契机，采取有效措施，促进大学英语教改的顺利进行。

一、大学英语教改面临的问题

（一）学生口语表达能力较差

在英语学习过程中，许多大学生因为缺乏口语练习和表达的机会，对口语表达的信心和积极性较低。虽然大部分高校在教学改革中针对这一问题采取了相应的措施，但仍有部分学生害怕自己因英语发音不准或个别字句理解不到位，而遭到老师的批评和同学的嘲笑。因此，他们在英语口语训练中不愿意开口练习，即使开口也总是过于紧张，担心说错或发音不准，这一心理障碍使其对英语的学习兴趣越来越低。

（二）师生间缺乏应有的互动

目前，虽然大部分高校已经采取多种措施进行英语教学改革，但不可否认，仍有部分教师在英语教学中采用传统的灌输式教学方法，过于关注语法知识、基础单词的背诵和记忆，忽视学生在英语学习中应用能力的培养。这导致大学英语课堂枯燥无味，学生学习积极性不高，甚至厌恶或惧怕英语学习，英语学习成绩自然无法提高。调查显示，大部分大学生都希望教师能够在课堂上加强互动，注意到学生的英语学习需求，及时了解学生的英语学习情况，并创设有利的英语学习氛围。可见，若要提高大学英语的教学水平、增强学生的学习兴趣、构建和谐融洽的师生关系，就必须在英语教学过程中加强师生互动。

（三）教学方法单一

在传统的英语教改模式下，大部分高校的英语教学仍采用讲授式、灌输式、填鸭式教学方法。沿用"教师讲授并板书—学生听课做笔记—课后作业巩固"的教学模式。这种单一、僵化的教学方法无疑极大地打击了学生的英语学习积极性，致使学生的学习方式、学习目标、学习体验、学习空间、学习资源等呈现出狭隘、枯燥的特点，根本无法培养出高素质、个性化的英语人才。

（四）忽视学生的个体差异性

在新课改的倡导下，大部分高校在英语教学中都进行了相应改革，以尊重学生的主体地位。但总体而言，许多高校的英语教学仍旧由教师把控，学生根本没有参与到教学方式和教学内容的选择中，仍旧只是被动的知识接受者。在英语口语训练中，学生也只是按照教师布置的任务，机械地完成语言项目训练。这显然不符合学生的个性化发展需求，不能完全激发学生在英语学习中的潜力和创新能力。此外，我国高校的英语课堂人数相对较多，而教师在制定教学目标时，往往不能全面顾及，尤其对英语基础较差的学生考虑得较少。这势必导致这部分学生在英语学习过程中出现听不懂、信心不足的现象，导致他们逐渐失去英语学习兴趣。

二、信息技术辅助下的大学英语教改方法

（一）运用信息技术进行因材施教

在信息技术的辅助下，教师应当在英语教学过程中充分地考虑学生的学习需求，并采取有效措施，提高学生的自主学习能力。例如，教师可以在英语课堂上用多媒体展示学习任务，然后将学生分为若干小组，并根据小组的学习特点和基础合理分配学习任务。同时，在英语教学过程中还应当充分重视学生的主体地位，引导学生走出课本和课堂，运用信息技术和工具，了解更多的英语学习信息。这不仅可以提高学生的英语学习兴趣，还能够增强学生的自主学习能力，开阔学生的文化视野。目前，我国大部分高校都已经建立了校园网络，办公楼、教师公寓、教学楼和学生宿舍楼之间可以实现资源共享。学生在日常的英

语学习中若遇到难题，就可以通过校园网络与同学和老师及时沟通交流。教师也可以通过网络及时地了解学生在英语学习中遇到的困难，进而及时地给予针对化指导。此外，还可以开设英语网络课堂，便于学生通过相关的网络平台进行英语学习，使英语教学突破地域和时间限制。教师也可以通过网络学习平台随时随地与学生进行沟通，并根据学生在网络平台上的反馈信息，及时地调整教学目标和内容，并针对不同层次的学生制定相应的教学计划，增强英语教学的针对性，进而做到因材施教，鼓励学生的个性化发展。

（二）运用信息技术丰富教学方法

在信息化时代背景下，教师应当在英语教学过程中合理运用幻灯片、多媒体、录音设备，将抽象的英语知识转化为音乐、视频、图片等形式，增强英语教学的直观性和形象性，并丰富英语教学方法，从不同侧面挖掘学生的英语学习潜力。例如，教师可以根据教材内容为学生播放相关的音乐和影片，让学生描绘自身的听觉和视觉感受，并以小作文的形式叙述自己的观后感。此外，教师还可以通过 QQ 视频和微信语音等形式，回答个别学生在日常生活中遇到的英语学习问题。这不仅可以融洽师生关系，还便于提高学生的英语自学能力。当然，教师也可以将学习任务以邮件的形式发至学生邮箱，安排学生及时预习或复习。

（三）运用信息技术加强学习互动

教师可以在大学英语教学过程中用音频资料、计算机网络、视频资料和各种教学软件，生动地呈现教学内容。并结合学生的情感和认知特点，合理地设计符合学生学习需求的教学活动。当然，在大学英语教学过程中还应当遵循"刺激—反应"原理，根据学生的学习反馈，及时调整教学方法和教学内容。引导学生在刺激、反应、训练、强化的过程中逐渐掌握相关的英语知识。同时，在大学英语教学活动中还应当设置教师提问、错误处理、小组互动等教学活动，加强教师与学生之间的互动。此外，还应当建立"生生社区"，并在英语角、学生宿舍、社会实践、自主学习体验中心等平台上开展英语教学和交流。教师可以运用网络和计算机软件，为学生分配英语学习任务，并鼓励学生合作完成。这不仅可以及时巩固学生在英语课堂上习得的知识，还可以通过读、听、写、说等实践活动，提高学生的参与性，加强学生之间的沟通，增强学生的自主学习能力与团队协作精神。在"生生社区"中，教师既可以安排两人或多人直接交流，也可以借助通信工具进行师生互动学习。其中，双人互动以一对一的形式进行英语交流和学习，相较于小组合作学习，这种模式加强了合作共同体的责任意识。在这种一对一的英语学习中，每个学生都承担着不可缺少的角色任务，少了任何一方，英语学习任务都无法顺利完成。小组互助则由几个英语学习程度各异的学生共同组建，他们采用互动或合作的形式共同完成一项英语学习任务。显然，这种以信息技术为载体的"生生社区"便于学生研讨英语问题，可以有效增强学生的集体智慧和协作精神。除此之外，还可以运用网络教室、多媒体实验室、校园网络论坛等信息平台构建"生机互动"学习模式。在这种模式下，教师可以运用计算机、网络和数据库，帮助学生搜集、归纳、整理和存储英语学习资源，有效地拓展学生的英语学习空间，为学生营造个性化英语教学环境。教师还可以在此基础上给予系统化导学计划，引导学生进行交互性学习。

第二节 "互联网+"背景下信息技术大学英语课堂教学优化

随着网络与现代信息技术的不断发展，大学英语课堂已经与传统课堂产生了很大区别。大数据时代对高校英语教学的冲击，使英语教学资源不再仅限于课本，而是结合网络与社会多方面的立体化资源。在微课、翻转课堂这些现代化教育技术的影响下，高校英语课堂需要摒弃传统的课堂教学模式，逆转师生之间的关系，使教师从"主导者"转变成"引导者"，而学习者成为影响大学英语教学实效性的主要因素。高校教学环境在自主语言学习中心、多媒体课堂、互联网的影响下，从原本的封闭式变成了呈现智能化、网络化、数字化的开放式生态系统。基于现代教育生态学角度，大学英语课堂已成为一个生态系统，由"现代信息技术、教师、课堂、学生、教学资源"等多种生态因子构成。因此，高校英语课堂的优化，需要从教育生态学的视角，在信息技术环境下，对高校英语课堂的教学方式进行全面立体的分析与创新，从而实现高校英语教学生态系统的和谐。

一、大学英语生态课堂的基本概述

教育生态学作为一门新型学科，主要内容是研究教育与其周边生态环境是如何相互作用的，旨在找出其中的机理与规律，在教育过程中，重点关注环境与生物的共生和谐生存状态，是大学英语课堂构建生态模式的重要改革途径。根据教育生态学的内容分析，课程、教师、学生与教学环境等作为生态因子，共同构成课堂这一微观生态系统，在这个生态系统中，生态因子之间传递与交换着信息、物质与能量。

在教育生态学方面，大学英语生态课堂需要分析、研究、关注教学过程中的每一个课堂生态因子。大学英语注重生活实践性，旨在培养学生的英语实际应用能力，学生这个生态因子需要主动进行学习，在系统中占据主体地位，在其他生态因子的辅助下，实现自身的全面发展。教师生态因子在课堂生态系统中发挥着主导作用，需要在教学中对学生进行引导并在合适的时间注重角色的转换，从而实现更好的生态功效。在生态系统中，课堂环境属于非生物因素，为顺利开展教学活动提供基础，包括教学资源、教学方法、信息技术等。大学英语课堂作为一个微观生态系统，需要系统中的生态因子在自身最佳生态位上进行各自功能与作用的有效发挥，从而确保生态系统的稳定，提升大学英语课堂的教育实效性。

二、现代信息技术生态环境下大学英语课堂教学的现实问题

（一）教学环境的生态失衡

现阶段的大学英语课堂，存在一定的教学环境的生态失调现象，主要表现是课堂生态与课堂生态主体之间的失衡。在教育生态理论中，含有最适度原则与耐度定律，说明在一定的时空内，环境容纳总量与资源承受力在一个生态系统中是恒定的，而在现阶段的高校中，英语教师的平均教学人数大约是 60 ~ 70 人，远远超出了大学英语这个生态系统的最高承受能力。师生作为大学英语生态系统的主体，获取英语教学资源的需求受到人数的压力限制无法得到满足，造成自身心理与生理的双重压力。此外，在高校英语课堂这一生态系统中，存在人口密度过大的问题，使教师这一生态因子对不同学生生态因子的学习需求与能力，很难进行充分的了解与具有针对性的个性化教学。

（二）教学资源的生态失衡

在现有高校英语教学过程中，存在教师与学生对于教学资源进行低值使用的问题。教师低值使用教学资源体现在，大学英语课堂教学过程中，教师对于传统教学资源存在一定依赖性，教学内容的呈现，多是以纸质教材课本为中心，多媒体课件形式为辅。甚至部分教师认为使用多媒体课件对于他们讲解课文产生了一定的阻碍作用。教师教学观念与教学形式的传统滞后，不能符合现代信息技术与英语教学手段的相关要求，造成教学资源的失衡。学生低值使用教学资源体现在长时间面对计算机，学生会觉得学习枯燥乏味，学生进行网络学习，更多的是在被动地完成学习任务，从而影响学生综合能力的提高。在学生对于信息技术学习缺乏主动性与学习热情的情况下，高校设立的计算机学习中心，成为学生的机房。

（三）教学课堂的生态失衡

高校英语教学的课堂失衡主要表现是，课堂中生态主体关系的失衡，教师与学生关系疏离、学生与学生关系疏离是课堂教学失衡的主要体现。课堂主体关系失衡的原因：一方面，高校在外语师资不足并且生源扩招的情况下，引发高校英语教师与学生的比例失衡，使教学不能结合学生特点，满足学生个性化需求。另一方面，信息技术从课堂中的辅助教学方式转变成主要教学方式，为学生英语学习提供了数字化、网络化、智能化的新环境，使人机互动多于人人互动，使人机交流机会有所降低。大学英语教学采用分级教学，实现因材施教、提升教学质量的同时，对原有的生态格局也进行了破坏，使学生这一生态因子需要重构人际圈，在环境改变、群体归属感缺失的情况下，增加了学生的心理与生理压力，影响学生这一生态主体在课堂生态系统中发挥作用。

三、现代信息技术生态环境下大学英语课堂教学优化路径

（一）构建生态化教学环境

在教育生态学中，强调人的发展过程是与环境逐渐相互适应的过程。随着信息技术的不断发展，传统大学英语教学的环境已经发生了本质上的变化。社会作为高校英语教学的重要外部环境，相对的，课堂属于高校英语教学的一个内部环境，而高校英语教学内外环境的连接需要通过网络与计算机这一通道来实现。大学英语教学作为一个新的生态系统，系统中的教师生态因子需要实现自媒体、移动终端、网络平台的充分利用，并以此来进行高校英语课堂教学的延伸，使学生能够不受空间与时间的限制，对于英语课程进行随时随地的学习，并且能够根据自身需求，结合自身英语水平，有针对性地进行英语课程与活动的选择。另一方面，高校英语教师需要提升学生生态因子，在社会学习环境因子中的适应程度，引导学生与真实的语言环境进行接触，提升学生的英语水平，使得学生的英语学习不再仅限于课堂这一个学习环境，而是让学生融入社会学习环境的开放生态系统之中，实现英语教学环境的生态化平衡。

（二）构建立体化教学资源

高校英语传统教学资源主要是纸质平面教材，呈现内容比较单一，存在机械模仿与操练的问题，无法符合当代高校学生的学习与心理需求。随着网络信息技术的不断发展，学习者在获取信息的过程中，认知方式也发生了相应的变化，高校学生获取英语学习资源的方式呈现多样化，学生更喜欢视觉与听觉结合的多模态信息供给方式，根据学生的这一特点，高校英语教学资源的立体化构建，具有满足学生学习需求的重要意义。因此，高校英语教师需要转变传统教育观念，结合纸质课本、计算机网络、多媒体光盘、信息技术等，构建高校英语课堂立体化教材，实现英语知识向学生传输的多模态信息输入模式，提升学生英语语言学习的效果。例如，在"Culture Shock"教学过程中，教师需要先借助纸质教材向学生讲授语言要点与文化背景，针对文中的语言点，指导学生进行相关操练，在课后运用多媒体光盘立体演示教学内容，讲授相关知识，借助网络平台构建虚拟交际场景，使学生对文化冲突的成因与解决办法，进行自身的探索、了解与反思，从而实现高校英语教学资源的立体化构建。

（三）构建个性化教学课堂

高校英语课程体系为呈现生态化，需要将信息技术融入课程设置，实现高校英语特色化教学。高校英语教师需要结合现代信息技术，利用信息资源，设计出符合学生不同学习需求的个性化教学方案。个性化的课堂教学设计，需要从宏观与微观两方面进行，宏观上，教师需要对学生的专业需求与英语水平进行充分的调研，并针对不同专业、层次、学科的学生设计个性化教学框架；微观上，教师需要借助计算机，调查分析学生的学习风格、学

习习惯、学习动机等因素，并进行分组化教学，针对小组的特点给予相应难度的学习任务，并按照不同标准进行评估，使学生在进行教学任务的过程中，增进彼此关系。高校英语教师与学生生态主体关系的良好，需要教师针对学生的差异性需求，为其创造一个和谐的课堂环境，即适当耐度的生态环境，使大学生能够产生相应的自身舒适安全心理环境，在这样的课堂生态系统中，实现最佳的教学效果。

在时间方面，生态系统通常会表现出一定的自身变化特征，这种变化过程属于一种演变过程，是生态系统的形成、成长、繁荣到灭亡的过程，也是生态系统由低级到高级、由简单到复杂的成长过程。教育生态系统的发展，属于一种动态发展过程，在平衡、失衡、平衡的过程中不断地进行演进。借助教育生态学的相关理论与研究方法，对我国高校英语信息化教育的变化与发展进行审视，有利于高校在计算机网络、大学英语课程、现代信息技术三者整合的过程中，探索其中出现的相关复杂问题，发现有效解决失调现象的办法，为构建生态化教学环境、构建立体化教学资源、构建个性化教学课堂三个方面实现高校英语课堂教学的优化。

第三节 "互联网+"背景下信息技术与西部高校大学英语 EGP+ESP 课程整合

一、大学英语 ESP 研究现状

目前欧美的 ESP 课程已形成较为完整的体系，已开设出丰富的课程类型如：学术英语、旅游英语、医学英语、商务英语、法律英语、外贸英语、新闻英语、营销英语、国际金融英语、科技英语、文献阅读等。韩礼德 (Halliday)、亨利·威多森 (Henry Widdowson)、斯特雷文斯 (Strevens)、约翰·芒比 (John Munby) 等诸多学者对 ESP 的研究主要涉及以下五个方面：① 需求分析；② 英语技能研究 (及听说读写译能力)；③ 课程设计；④ 语言研究；⑤ 教材编写与评价和现代教学手段的应用 (包括语料库、计算机多媒体的运用)。

进入 21 世纪以来，大学英语教改的浪潮方兴未艾，外语教学的发展方向及大学英语的再定位已在全社会激起了普遍讨论和重点关注。从高教司制定的《大学英语课程教学要求》(试行稿) 进而到 2012 年再修订的《大学英语课程教学要求（试行）》，新的标准明确提出了高等学校应充分地利用现代信息科技，采用基于计算机和课堂的英语教学模式，从而改进以教师讲授为主的单一教学模式，与此同时，在英语作为一门交际语言所需掌握的听说读写译以及词汇量方面在学生英语能力的三个层次上都作出了具体的要求。由于国内的 ESP 课程建设起步晚，尚缺乏成熟的理念与教学体系。总体来说，国内 ESP 研究还在不断摸索，个别 ESP 课程的教学方法和教学实践，还未展开深入全面的研究。王蓓蕾的研究指出"几乎所有的 ESP 课程都是由专业课教师兼任，教学方法单一，教学效果很不如人意，学生倾向于把 ESP 看成了解专业信息的手段，而不是继续提高英语语言能力的机会"。

国外已形成较为完整的体系，对 ESP 的探索和研究已硕果累累。但我们不能完全照搬国外 ESP 的成果和经验，应根据中国国情，研究出能真正满足中国高校学生需求的 ESP 课程体系。我们应根据国内学生的英语学习环境、学习动机和学习条件来分析国内英语学习者的真正需要，并根据实际情况来设计课程、制定大纲，并进一步选编教材，探索出科学的教学方法等。ESP 是在 EGP 基础上的延续和扩展，EGP 是国内高校大学英语教育的核心，因此我们应在 EGP 基础上统筹安排 ESP 课程教学，使两者在教学内容和方式上能够做到有机整合，使大学英语课程能够更加科学、协调地持续发展。

近些年，我国大学英语教学由于受英语四六级过级率和传统教学模式的影响，教学沉闷，形式单一，从而导致很多非英语专业大学生对于英语学习主动性缺乏，兴趣下降。而随着信息技术的飞速发展，大学英语课堂教学从最初的传统课堂走向了现代网络化大学英语课堂。在传统学习方式基础上，高校融合数字化、网络化基础拓展了学生自主学习平台。在这种新的自主学习方式上教师发挥了引导、启发的主导作用。学生也在整个学习过程中发挥了他们主动性、积极性与创造性。但是，国内多数高校英语教学还停留在 EGP 教学上，课程设置不能适应和满足学生的学习需求，课程设计也不符合学校人才培养需求和岗位工作能力需求。随着社会对大学生的英语应用能力提出了更高更迫切的要求，许多学者提出大学英语应尽早与专业结合。部分国内高校提出，当学生的语言知识和技能发展到一定阶段时，学校应针对社会和学生实际需要，开设更加丰富的 ESP 课程来进一步培养学生的语言应用能力，培养出更多满足社会需求的外向型、复合型、应用型人才。

EGP 是基础，ESP 是延续和拓展，因此在形成基于计算机和课堂的教学模式的个性化、自主化学习模式之前，我们必须坚持 EGP 在前、ESP 在后的先后关系。随着信息技术教育应用的迅速发展和大学英语教学改革的深入发展，国内高校基于信息技术的大学英语立体化教学环境已初具规模，英语学习者可依托互联网、网络辅助课程和自主学习中心等形式进行 EGP 的自主学习。因此，目前国内高校均在努力尝试 EGP 教学和 ESP 教学的同步及构建信息技术环境下 EGP+ESP 混合教学模式。

在这种全新的 EGP+ESP 混合教学模式下，既能结合传统教学的优势又能将网络学习的优势发挥到极致，现代信息技术和网络技术手段也能得到充分的利用，真正实现教师主导，学生主体。在此基础上教学主体的主观能动性得到发挥，教学内容和课程体系得到进一步完善，教学模式和手段也能进一步改革，国内高校的大学英语教学效果和质量将会大大提高。

二、信息技术下大学英语课程改革基本思路

（一）构建大学英语 EGP+ESP 课程模式

多数西部高校现有英语课程模式为：基础级，中级起点学生四学期完全以 EGP 教学为主，高级起点班学生实行 3+1 模式，三个学期实行 EGP 教学，最后一学期进行 ESP 课程教学，ESP 课程的内容完全由任课教师自主选择。所以总体来说吉首大学自实行分课型、分级教学以来，还停留在只强调基础英语 EGP 的教学而没有系统的开设 ESP 课程，且 ESP 课程的设置和 ESP 教学随意性较强，导致 ESP 的教学还处于零散的、自发的状态，而 ESP 定位不明确，教学模式落后，教学手段单一，师资力量薄弱，组织管理松散，严重制约了学校 ESP 教学的发展。对于基础级和中级起点班的调查显示，英语课堂出勤率低，注意力不集中，学习兴趣不高，对于老师提出的问题和布置的作业根本不能很好地完成，任课教师也普遍反映上课难、效果差的问题。究其原因有如下几点：学生基础差，缺乏积极性；英语课形式单一，缺乏兴趣；教师一味地强调过级，缺少与学生的互动等。

因此为从根本上解决以上问题，本课题建议从统整 EGP+ESP 课程模式出发，实行 2+2 模式的大学英语课程结构，即一年 EGP 课程，一年 ESP 课程，大一 EGP 模式重在培养学生基础语言运用能力，大二根据学生所学专业开设专业英语课程，把语言知识与未来的愿景工作相结合，满足社会对应用型及复合型人才的需求。全校从大二开始普遍推广 ESP 课程，使 EGP 与 ESP 有机整合，既有利于改变英语课程的单一形式，又有利于调动学生学习兴趣，教师在此过程中也能进一步提高其业务水平和技能。

（二）研究基于信息技术的 EGP+ESP 课程模式的教学策略与方法

EGP+ESP 课程模式是将信息技术有效地融合于大学英语的教学，以实现一种能充分体现学生主体地位的、以"自主、探究、合作"为特征的新型学习方式，使信息技术与课程整合。其本质是要改变传统的"以教师为中心"的教学结构，构建一种新型的"主导—主体相结合"的教学结构。这种基于"信息技术与课程整合"的混合式学习是"以学为主"和"以教为主"这两种教学模式的有机融合，可称之为整合式混合学习（integrated blended learning）。信息技术与 EGP+ESP 课程的整合，就是将信息技术与上述各要素融合起来，经过精心的教学设计形成新的教学结构，以改善教学过程，提高教学效果。

（三）在网络信息平台基础上探索 EGP+ESP 课程模式下培养学生自主学习能力的新路径

西部高校良好的网络信息平台，丰富的多媒体课件，试题库，英语学习网站等丰富的课程资源可以将英语教学形成 EGP 自主学习，EGP+ESP 网络交互学习，EGP+ESP 课堂面授学习三个模块，通过"课下学习，课上展示"，以现代信息技术为支撑，使英语教学更加个性化、自由化、主动化，使英语教学向实用性、文化性和趣味性融合，充分调动教

师和学生的积极性，确立学生的主体地位。教师能帮助学生确定各个阶段的学习任务，组织学习活动，提供帮助和指导，发挥组织者、指导者、意义建构的帮助和促进者的角色。在此基础上既能使学校设备物尽其用，教学资源得到充分发挥，又能充分调动学生的学习积极性和主动性。

三、EGP+ESP 课程整合措施

（一）构建与分级教学相匹配的大学英语 EGP+ESP 课程模式

西部高校在教改过程中已开始实施分级教学，但还处于初级阶段，效果并不理想，所以本项目研究希望能构建出真正与分级教学相匹配并符合西部高校的 EGP+ESP 课程体系。构建满足国家、社会、个人所需的基于信息技术的大学英语课程教学体系。现阶段西部高校英语教学模式还主要停留在传统模式上，而本项目研究将尊重大学英语课程教学规律，充分地利用现代信息技术和网络技术手段，在这种全新的 EGP+ESP 混合教学模式下，既结合传统教学的优势又将网络学习的优势发挥到极致，现代信息技术和网络技术手段也能得到充分利用，真正实现教师主导，学生主体。在此基础上教学主体的主观能动性得到发挥，教学内容和课程体系得到完善，教学模式和手段也能进一步改革，国内高校的大学英语教学效果和质量也将会大大提高。

（二）构建与 EGP+ESP 课程模式相匹配的综合评估体系

个性化的信息技术 EGP+ESP 混合教学模式注重的是培养学生的自主学习、合作学习能力和解决实际生活中实际问题的能力，这就意味着学生的认知方式和教师的教学方式、教学策略角色会跟过去有很大的不同，教师将不再是评价的唯一主体，在这种全新的课程模式下，我们应构建一个相对多元化的综合评价体系，实现评价内容、评价主体和评价工具的多元化。

第四节 "互联网+"背景下信息技术与大学英语智慧课堂构建

随着"互联网+"大数据时代的到来，大量新的现代信息技术开始在各行业应用起来，给教育行业带来冲击和新的变革契机。大学英语作为高等教育的重要组成部分和大学生必修的基础课程，面临着新时期的挑战。学生对其满意程度有所降低，究其原因如下：大学英语教学内容与中学英语相似；教学理念和教学方法比较传统；丰富多样的网络教学资源使教师不再具有以往的吸引力。如何使大学英语教学符合时代发展趋势，更好地满足学生需求，成为英语教育者研究的要点。

一、智慧课堂概述

智慧课堂是当前教育界新兴的研究课题，它从教学理念和教学方法上突破了传统教学模式，吸引了越来越多研究者的关注。智慧课堂有以下两方面的含义：

课堂智能化。当前的多媒体教学主要采用传统网络、台式计算机、投影仪，把教学内容以图片、文字、声音、视频等多种形式展示给学生，扩大了课堂教学信息量，吸引了学生的注意力。然而，它存在一些弊端和不足之处：教师过分地注重课件，忽略板书和师生交流；课件的快节奏切换使学生容易产生疲劳、没有时间思考，记笔记速度难以跟上；投影仪的效果和教室里不同位置会影响到观看课件；课堂学习没有延伸到课外等。

智慧课堂把先进的信息技术（无线网络、云计算、移动终端、交互式一体机、人工智能等）融入教学，创建人性化、个性化、信息化的学习环境。学生可以通过自己持有的移动终端设备，根据自己的需求自由地选择合适的学习资料，不限时间地点地进行学习以及与教师或同伴进行互动交流。此外，大数据分析技术能记录学生的学习轨迹，分析知识掌握情况，提供客观科学的数据，帮助教师作出准确的学业诊断，有针对性地调整自己的教学策略和内容，做到有的放矢，提高教学效果。

教学模式智慧化。中学英语教学以传递语言知识为主，大学英语若仍停留在"讲—听"层面上，教学理念和方法没有发生质的变化，很难走出当前困境。智慧教育强调培养智慧型人才，智慧不等同于知识，是思维的结果。智慧课堂以促进学生高级认知能力、思维能力和解决问题能力发展为教学目标，通过建立自主、合作、探究的学习模式，引发学习主体的参与、体验、互动，从而实现知识的习得和思辨能力的提升。智慧课堂是信息技术、教学资源、学习环境、教学方法、思维和能力培养的有机结合体。

二、大学英语智慧课堂信息化平台的特征

教学资源共享性。信息大爆炸时代，繁多的教学资源要求大容量的存储设备，而移动硬盘、U盘等已经无法满足。作为新兴的网络存储技术，云存储能实现智慧课堂信息化平台庞大网络教学资源库的功能，教师把每节课的课前预习、教学课件、课后作业等资源放在云存储上，学生可以随时随地通过网络终端设备存取数据，实现教学资源的集中、开放和共享。课堂上学生通过校园 WiFi 和智能手机、PAD 等，自由选择和获取资料到自己的移动终端上，按自己的学习节奏停留、快进、后退到自己需要的内容，在此基础上修改形成个性化笔记，从而解决看不清课件以及被动学习的问题。

个性化泛在学习平台。由于移动网络技术的快速发展，智慧课堂信息化平台能让学生不再受课堂、台式电脑、图书馆等时间和空间的限制，随时随地获取信息和学习知识，并且将学习资源根据知识点设计成微小单元（一篇短文或者三五分钟视频），因此学习状态可以是非长时间连续性的，任何零碎时间都可以利用起来。这样课堂学习就延展到课前和

课后，学生根据自身的需求接入需要的学习信息，学习过程以自我为导向，满足个性化学习、自主学习和终身学习的需求。

交互性。学习的本质不是单向的从教师到学生的知识传递，而应是双向的、交流的、沟通的过程。在智慧课堂上，学生在教师的引导下进行社会性学习，完成知识构建、情感培养、能力发展。智慧课堂信息化平台的交互功能弥补传统教学中师生之间的沟通不足，允许师生之间以文字、图片、语音、视频等多种形式进行即时通讯。教师通过平台进行点名、通知、答疑、个别辅导，学生与学生之间围绕学习问题进行头脑风暴、交流、讨论，可以实现投票、问卷等互动。

数据统计分析。每位学生的每次学习情况长期积累下来就形成大数据。云技术除储存外，最主要是对大数据进行计算和处理。教师把学习资料、习题等上传到平台，系统对学生的学习行为进行跟踪记录，自动改卷，统计各个题目的得分情况，即时反馈信息等。基于数据统计分析结果，教师能清楚地掌握每位学生的学习情况，反思前面的教学实践，作出准确的学情分析，增强教学内容的方向性和针对性，调整教学难度和广度，采取合适的教学策略。

三、大学英语课堂教学模式智慧化

启发式教学。课堂上，教师教学应"以启发思维为主、传授知识为辅"，多给学生留思考空间，可以通过提问的形式引导学生观察和独立思考，使学生自己推理得出结论，必要的时候教师给予提示而非答案。学生通过语言现象分析社会和文化问题，以语言为媒介思考和谈论深度问题。

例如，food and drinks 是英语教材的常见话题，目的是让学生掌握食物的英语词汇以及点餐的表达方式。在这堂课的思考环节，笔者给学生展示了一些普通家庭购买的一周食物图片，让学生猜测是哪个国家的，启发学生观察文化差异，从情感培养出发，让学生表达自己对不同国家生活水平差异的感受。学生表示要感恩自己的幸福生活："Be thankful for our food.""Don't waste our food."

培养创新思维能力。突破常规思维、敢于探索和创新是个人发展的持久动力。教师要建立宽松活跃的课堂氛围，鼓励学生质疑、尝试和创新。

例如，Job interviews 这个话题主要让学生熟悉和掌握工作面试流程和常见的面试问题。笔者在课堂上让学生以面试官的身份提出一些 creative questions，培养学生的创造精神。学生积极发言："If you were a bicycle，which part would you be and why？""If you could have dinner with anyone in the world，who would you choose？"

创设真实的教学情境。教学情境能有效优化教学效果，外语学习更是如此。教师要把外语与日常学习、生活、工作环境紧密联系起来，通过体验强化感知。

例如，Advertising 让学生学会用英语谈论广告。笔者假设课堂是产品推介会，要求学生展示自己设计制作的产品海报，运用情感、逻辑、信誉三大说服技巧，在班级上做三分钟左右的推销演说，产品可以是真实的。笔者鼓励学生想象创新，使学生把语言与真实生活相结合，理论和实践相结合。

组织互动协作学习。在互动协作学习中，学生会发生了解、表达、冲突、协商、决策等行为，其中的情感体验和思想交流能促进学生高层次思维能力的发展，培养学生的协作意识和创新能力。在 Disasters 话题课堂上，笔者把学生分成五人小组，假设不同身份的他们在海洋上巡游，突遇事故游轮即将下沉，而唯一的逃生工具——救生艇上只能承载三个人，十分钟内每位成员要努力说服别人获得逃生机会。小组活动中每位学生都积极地参与进来，在冲突中碰撞出智慧的火花，活跃的思维促进了丰富的语言表达。

现代信息技术的迅速发展为教育行业变革带来机遇和挑战。在智慧教育理念指导下，智慧课堂以学生为中心，把信息技术与课内外教学融合起来，实现教学资源共享，创造智能化教学环境，利用大数据技术创新教学方法，促进学生思维能力的发展。智慧课堂的建设研究还在探索阶段，教师应加强实践，对其进行检验和完善。

第五节 "互联网+"背景下信息技术与大学英语后续课程建设

随着互联网技术的发展，网络信息技术被广泛地应用于社会生活的各个方面，人与人之间的空间距离被无限缩小，沟通无处不在，地球村不再是一个理论构想。依托互联网技术的全球采购、全球互联、全球金融的发展愿景也已基本实现，信息技术正在加速推进人类社会的集体转型。教育界作为科技革命的第一阵地，既是科技进步的原动力，也是科技成果的直接受益者。《国家中长期教育改革和发展规划纲要 (2010—2020 年》中有着非常明确的表述："信息技术对教育发展具有革命性影响，必须予以高度重视……，把教育信息化纳入国家信息化发展整体战略。……强化信息技术应用。提高教师应用信息技术水平，更新教学观念，改进教学方法，提高教学效果。鼓励学生利用信息手段主动学习、自主学习，增强运用信息技术分析解决问题的能力。"

一、大学英语后续课程建设与发展的时代背景

进入 20 世纪 90 年代中期以来，中国的学校英语教育经历了一段高速发展的黄金时期，全社会对于学生的英语教育投入了极大的关注与热情。从宏观层面来看，各级教育部门纷纷加大对英语教学的投入和支持力度，英语成绩在学生的综合评价中长期保持重要占比。在各个层次的升学考试中，英语都是必考科目，甚至事业单位职称评定以及公务员的职务

晋升都要经历英语能力测评。在此背景下，中国掀起了一场几乎人人学英语的热潮，国人的英语面貌也有了可以称得上是翻天覆地的变化。中国人现在不但可以与外国人用英语流利交流，甚至还可以用英语完成文学作品和高质量的学术论文。在世界一流的英语学术期刊上也不断地出现中国人的署名论文，在国际学术研讨会上，中国学者也能用熟练的英语完成大会发言。

与国人英语水平快速提高形成鲜明对比的是普遍存在的高校英语课程设置的日益落后现象，无法满足学生的英语学习要求。这主要体现在以下几个方面：首先是教材落后，一些大学英语教材相比较于高中英语教材只是在词汇量的要求上有差别，教材内容却大同小异，教学目标不明确，教学理念不突出；其次是教学方法落后，一些英语课程依然沿袭传统的授课方式方法，课堂教学内容依然是听说读写译的语言技能训练，以文化教学为基础的通识教育基本被忽视，学生英语学习的兴趣减弱，课堂气氛沉闷；再次是课程评价方法单一，终结性评价依然是学生成绩评定的主要手段，仅仅依靠期末考试的一纸试卷成绩显然无法全面客观地反映学生的英语学习水平。因此，大学英语课程改革势在必行，本轮改革不得不改，不能不改。

大学英语后续课程建设是大学英语教学改革的全新有益尝试，改革后的大学英语课程体系将更加符合当代大学生的英语学习需求。大大减少只针对听、说、读、写、译为主的语言技能训练内容，增加学生的通识文化学习新内容，这将有助于改变传统大学英语教学费时低效的落后面貌。在通识教育逐渐回归教育本位的高等教育综合改革工程中，大学英语后续课程建设不仅是英语教育界的自我创新，同时也为适应中国高等教育发展的新环境和新常态奠定良好基础。大学英语后续课程建设不仅是教学内容的改革，同时也是教学方法、教学技术、评价手段的全面改革，这就要求我们必须发掘互联网技术的巨大潜力，充分地利用网络信息资源，与时俱进、敢于创新，推动大学英语教学改革的稳步向前。

二、信息技术与大学英语后续课程建设

大学英语后续课程建设正好发生在互联网技术全面应用于现代教育技术改革之时。因此，后续课程的建设与发展要充分地利用信息技术为教学改革搭建的全新平台，不断地探索新的教学内容和教学手段。

互联网的发展为更新教学内容提供最直接的信息来源。计算机网络技术融入大学英语课堂中，给英语教学带来前所未有的冲击。学生可以通过网络轻易获得教师的传统教学内容，而且是图文并茂的更加生动的学习资源。如果英语教师还在沿袭旧法，将失去对课堂教学的掌控能力，英语课堂将会陷入教无可教、学无可学的窘境。因此，后续课程的建设必须要充分地利用互联网的海量资源，实时更新教学内容，注重理论与实践相结合。与时俱进的课堂教学内容是保证课堂教学质量的基础和前提，而教材具有滞后性的特点。在信息爆炸的互联网时代，有些教材在编写时所介绍的还是全新的理论，而等到编辑出版后，

里面的内容就已经过时，这必将严重损害教师教学和学生学习的热情。

信息技术为丰富教学手段提供技术支撑。计算机三大关键技术的日益成熟和完善为保障立体教学效果提供了最坚强的后盾。三大关键技术"包含人工智能技术、数字化技术以及信息和网络技术 (artificial intelligence，digital technology，in-formation and internet technology)。"

信息技术的发展为实现大学英语的立体化教学创造了可能。大学英语教学模式逐渐由封闭式、单向性的知识与技能传播逐渐转向开放式和多向性，呈现出多元化的趋势。教学环境也呈现出开放性、交互性、协作性、多元性等特点，学生逐渐有机会在课外通过多媒体教学光盘等资源学习英语，提高英语运用能力。特别是翻转课堂、微课和慕课等全新教学手段和理念的出现，更是将信息技术在教学手段上的应用发挥到极致。这几种教学手段的核心理念都是打破传统课堂教学在时间和空间上对于学习者的束缚，实现优质教育资源的共享，扭转教育资源分配不均衡所带来的教育公平缺失局面。

大学英语后续课程建设不仅是教学内容建设，也是教学手段和方式的不断成熟，信息技术可以发挥显性课程和隐形课程的优势互补。通过建立网络虚拟课堂、虚拟自习室，师生之间可随时保持互动，课后作业的形式也可因此变得多种多样。甚至还可以把一部分教学内容通过虚拟教室进行讲解和答疑，这样可以提高现实课堂教学的学术价值，提高课堂教学效率，使得立体化教学不再是一纸空谈。

信息技术不是提高大学英语课堂教学质量的唯一手段。教学改革的顺利完成必须依靠广大一线教师的认真实践才能实现。信息技术只能是辅助教学手段，教师才是教学的根本，否则，学校教育也就失去了存在的基础。在充分享受信息技术提供的现代化教学手段的同时，也必须清醒地认识到科学技术的自身局限性。大学英语后续课程的建设少不了互联网信息技术的全面应用和支持。但一味地夸大辅助教学手段的先进性会削弱教师在教学中应有的地位和作用。必须警惕课堂教学由过去传统的教师"一言堂"向计算机"一言堂"的转变。长此以往，教学改革也将归于失败。

"信息和网络技术带来了'虚拟教育'、数字卫星通信系统、移动数字通讯系统，因特网及其他网络具有覆盖面广、资源广泛共享、时空超越限制等特点。信息和网络技术使学习过程的互动性和自主性成为现实，学校没有了围墙，师生转变了传统的教学观念，这一切为大学外语课堂教学的发展带来了新的契机"。一方面要积极投身教学改革，学习全新教学手段，实现教学理念和教学方式的不断更新升级；另一方面，也要合理规划，坚持教师在教学中的应有地位和作用，建构科学合理的网络教学生态环境，保持信息化网络教学的生态平衡。

大学英语后续课程建设还必须坚持以人为本，关注学生与教师的情感建设，不能用科技进步代替人文关怀与心灵互通。从师资培养的角度来说，广大的英语教师需要一段时间的系统学习和实践才能熟练地掌握并应用互联网多媒体教学技术，在这一过程中，学校应对英语教师开展技术培训，并给予政策鼓励，吸引广大英语教师积极投身到教育改革实践中来。特别要保护好英语教师参与教学改革的积极性，灌输正确理念，确保教师在教学改革中的核心地位。此外，多媒体教学信息平台的建设不能取代师生之间的面对面交流和沟通，教师在课堂上应充分地发挥教学引导作用，以学生为中心，进行互动话题讨论，培养学生的批判性思维能力和独立思考能力，彻底改变长久以来"填鸭式"教学所形成的学生被动式接受和被动式学习的教学方法。学生的创新意识和创新能力将在这一良好氛围中得到培养和升华，进而为学生的大学英语课程后续学习和能力发展奠定坚实基础。

第六节 "互联网+"背景下信息技术与大学英语教学资源整合

一、信息技术环境下大学英语资源整合的背景

在《基础教育课程改革纲要（试行）》文件中，教育部重点提出："大力推进信息技术在教学过程中的普遍应用，促进信息技术与学科课程的整合，逐步实现教学内容的呈现方式、学生的学习方式、教师的教学方式和师生互动方式的变革，充分发挥信息技术的优势，为学生的学习和发展提供丰富多彩的教育环境和有力的学习工具"。2015年7月27日，在《关于深化职业教育教学改革全面提高人才培养质量的若干意见》中，教育部又指出："要积极推动信息技术环境中教师角色、教育理念、教学观念、教学内容、教学方法以及教学评价等方面的变革。"可以看出，当前无论是政府还是教育部门都极其重视信息技术与大学英语课程的整合研究。

大学英语教学内容是集实践和技艺为一体的一门基础学科，又是一门纯理论性学科，同时还具有集人生哲理于一体的生活体验知识。大学英语学习可以帮助高职类学校的学生扩大知识面，也可以帮助他们把握时代脉搏，提升自身文化素养。但目前由于各高职类院校虽已投入大量资金购买或添置信息化设备，但由于教师信息化技术利用水平总体不高，在很大程度上阻碍信息技术与英语教学资源的整合，进而影响教学质量，使得教学效果达不到预期效果。

大学英语作为大学类院校一门必修类的课程，在大学英语教学中占有很重要的地位。目前大学课堂教学主要以大班形式授课，教师在台上讲，全班学生在下面听，多数学生都是被动的接受者。然而随着"一带一路"倡议实施和推进，我国与世界各国之间的文化和经济交流日益频繁，对英语人才的需求也日益激烈，但是目前大多数学生英语基础薄弱，都普遍反映听不懂，没兴趣。加之，教师没有很好地组织好英语课堂，提供良好的学习环境，也没有营造良好的学习氛围，导致学生大大降低学习英语的兴趣。此外，很多教师在

教学实施中，都不会使用信息技术组织和开展教学，使得教学效果很不如人意。

二、信息化背景下大学英语教学资源整合的理论基础

人本主义学习理论。人本主义心理学是以学生为中心，强调学习者为主体，其学习观点是：必须尊重学习者。始终相信真正的学习者是能自己提升自己，开发潜能，并最终达到"自我实现"的目的；同时要建立良好的师生关系，培养情感，创设良好的学习情境，帮助学生自我实现，培养自主学习能力。

在教学过程中，教师应当尊重差异，遵循学生发展成长规律，以学生为主体，充分调动学生学习主动性和积极性，培养好教师和学生和谐、融洽的关系，这无疑对克服传统教学不重视学生学习的主动性的弊端有很大的帮助。

建构主义学习理论。建构主义学习理论认为学习是在一定的文化背景或情景下，通过学习者之间合作，运用已学的知识，对已有的信息进行新的知识建构。

学习过程中，学习者一方面以已有的知识经验为基础，通过对外界的了解和观察，对新获取的信息进行加工处理，以达到对新信息意义的建构；另一方面，学习者对新信息理解后又要对自己原有的经验进行改造和重组，获取新的意义。

建构主义核心思想就是以学生为中心，其中以知识建构、创造力和信息处理为核心，遵循学习规律，与英语教学资源整合的要求相吻合，倡导以学生为主体、协作学习为基础的大学英语教学模式。

三、大学英语教学资源整合策略

整合线上学习资源，建立信息化自主学习平台。随着"一带一路"倡议实施，大学英语教育在信息化环境下的教学任务就是要为社会经济发展培养复合型应用人才、符合沿线国家经济贸易往来需求的各种专业性人才。大学英语教学应当利用学科专业知识培养技能型人才，使学生的英语知识学习更加具有针对性。信息技术具有交互性、开放性、丰富性等特点，在信息化发展迅速的时代，大学英语教学应充分地发挥其优势，为学生提供丰富的教学资源。

信息化技术为大学英语教学提供现代化有效的教学方法，通过利用现代化教学网络平台，结合所在高校大学英语教学实际情况，建立一个资源丰富的信息技术英语自主学习资源整合平台，以声音、微课录制和教学视频等制作资料，创设一个真实存在的学习资源库。在库中，可以整合大学英语历年的真题、预测题和英语等级相关试听材料，也可以增添一些关于国外文化、"一带一路"沿线国家社会习俗和背景以及英文时政或新闻等内容，不仅帮助学习者开阔了眼界、增长了见闻，又让他们在学习的过程中提高了碎片化时间利用率，提高了自主学习的能力。

创新教学模式，培养学习者自主学习能力。信息化教学是一种全新的教学模式，在大

学英语教学中，要设计出全新的信息化教学模式，应巧妙地运用各种信息化教学手段，以学生作为课堂主体，以达到培养学生的自学能力与表达能力的目的。教师在导入新课环节中，可以根据不同的教学内容和侧重点，在分析学习目标和拓展教学内容的基础上，凭借信息资源的丰富性与交互性，从不同角度为学生提供各种信息化教育资源，激发学生学习兴趣，提高英语学习水平。

在教学过程中，教师可以使用目前流行的翻转课堂教学法。首先，教师通过网络平台将要学习的资料上传至云端，内容要定期更新和丰富，尽可能地选择学生感兴趣的话题，让学生主动参与去学。而且学生也可以根据个人情况和时间自助学习和选择性地关注。此外，教师可将教学内容进行整理和分类，为学生创建有趣的英文学习情境，可根据教学需要结合教学实际，积极去探索和寻找有利于创设教学情境的英语教学资源，如电影、话剧和主题内容等，促进学习者的积极性和主动性，使学习者投入英语情境中，主动参与学习。

提高教师教学业务水平，丰富信息化教学方法。信息化时代环境下，各类大学院校虽已配备了各种各样的信息化教学设备，硬件资源条件也有相应的开发，但与之相对应的是教师信息化教学设备技术利用和能力则较薄弱及匮乏。在信息化教学发展的过程中，为了充分发挥广大教师在信息化技术使用中的优势和参与程度，使得信息技术与教学实际能够有效地结合，高职院校就要不定期组织对教师进行相关的整合式信息技术培训，丰富自身课堂所采用信息化软件资源的开发和利用，不断地改进信息化教学方式，使教师们达到教育教学效果的目标。

信息化背景下高校英语教学资源的有效整合，是符合当今时代潮流的主流教学模式，已逐渐成为现代化信息技术教学未来发展的必然方向。通过线上教学资源整合和更新、教学模式不断创新、加强教师信息化教学能力培训，就能有效地整合大学英语教学资源，不断地丰富网络教学资源，促进学生英语应用能力提升，为社会发展培养一批复合型人才贡献力量。

第五章 "互联网+"背景下信息技术与英语教学模式

第一节 "互联网+"背景下信息技术与大学英语动态分层教学模式

随着新课改的不断推行，信息技术与高等院校教学的联合应用越来越普及。信息技术为大学英语教学模式提供更多的机遇，再加上动态分层教学的联合应用，可以提升大学英语的教学效果和教学能力，对我国大学英语教学模式的改革和创新具有重大的意义。

一、动态分层教学模式的概念及原理

分层式动态教学模式就是以学生的学习情况、性格特征及学习能力为基础，将学生分成两个或多个英语水平差异较小的群体。英语老师根据群体中学生的英语学习能力布置教学任务，并以成绩为参照标准对学生进行科学的评价。这种教学方式能够满足学生的各项需求，让学生在英语学习中获得更多机会，提升学生对知识点的理解能力，主要分为两种教学层次，分别是显性教学层次和隐性教学层次。显性教学层次是以某个公开的标准进行排序并开展教学的，没有班级的限制；而隐性教学层次主要开展于班级教学中，有助于老师开展个性化教学。在信息技术的支持下，大学英语分层式教学已经呈现一种新的教学趋势，弥补了传统教学模式的不足，最大程度地减少学生差异化对教学质量的影响。

动态分层式教学模式的原理主要有三个：一是成败原理。这种理论同样适用于高等院校的教育事业中，当学生成功处理难度较大的问题后，往往会期待对难度更大的问题进行探究；当学生长时间仍未找到问题的解决方案时，就会失去信心，继而产生较强烈的厌学现象。二是因材施教。我国著名的教育学家和思想学家孔子和韩愈曾主张对学生进行针对性教学，即因材施教。这种教学原理可以鉴别学生的综合素养，有计划、有目的地开展教学活动，继而提升大学的教学质量。老师在教学的过程中，不能以同一个标准要求个体差异较大的所有学生，要根据学生的能力和学习情况开展教学计划，这也成为我国现阶段高

等院校教学改革的重点要求。三是以人为本。传统的教学模式多以"填鸭式"教学为主，过于突出老师的教学地位，忽视学生在教学中的主体作用。分层式动态教学模式正好可以弥补传统教学模式的不足，将主体地位交还给学生，教学开展的所有活动都以学生为原点，激活学生的主动性。老师在教学的过程中，应该以观察者的身份监督学生的学习状态，以满足学生对教学的个性化需求；深度挖掘学生的学习潜能，对学生的三观形成进行正确引导，以科学的手段提升学生学习大学英语的积极性，并锻炼学生的创造能力和思维能力。

二、大学英语在信息技术环境下的动态分层教学探究

（一）大学英语动态分层教学模式与信息技术融合的必要性

在信息技术构建的环境下，大学英语教学模式进行了不断的完善和突破，不再以老师的纯板书讲授为主，形成了新的教学模式。这种教学模式以信息技术为支撑，将枯燥、无味的教学知识以多样化的形式展现出来，如图片、文字、声音和录像，等等。在学习大学英语的过程中，为学生创造一个良好的学习环境，增加语境的真实感，吸引学生的注意力，提升学生对大学英语的学习兴趣。信息技术和分层式教学模式的融合加入，丰富大学英语"听、说、读、写"四个主要模块的教学资源，为老师的多样化教学提供便利。例如：老师在开展听力教学时，可供学习的听力材料有《大学生体验式英语教材》《新概念大学英语教材》《大学英语听说训练教材》等，增加老师的选择难度。将分层式动态教学模式加入听力教学后，老师可以根据学生近期的听力成绩，在信息技术环境下推荐适合学习的听力教材。学生根据自己的学习兴趣选择适合的学习资源，最大程度地开发自身的听力潜能。而且，信息技术可以为老师提供一个管理学生学习情况的平台，以方便根据学生的学习现状建立档案并更新，为后期开展评价奠定基础。

（二）教学内容的动态分层

老师需要"吃透"现有的大学英语教材，以教学大纲为辅助制定各个层面的教学目标，再将教材中的主要内容进行分层式动态教学。例如：当老师开展听力教学时，学校提供的教材为《大学英语听说训练》（第三版）。这本书中的听力训练内容安排比较科学，难度呈由浅到深的模式。每个单元都由技巧练习、语言练习、口语练习和听力延伸训练四个模块组成：其中技巧练习涉及的内容较简单，包含两个模块，可以分别对学生的听力技巧和交际口语进行训练；语言练习需要学生对两个篇幅较短的文章进行理解，锻炼学生对知识点的掌控能力；口语练习是以上述文章的内容和日常交际用语为基础开展的；听力延伸训练是难度较大的课堂听力练习。老师在应用这个教材开展课堂听力训练时，需要以学生的学习能力为基础进行分层式动态教学，以成绩为参考标准将学生分为 A、B、C 三个层次。对于英语基础较差且学习能力较差的 A 组学生应该要求其完成技巧练习和语言练习，将口语练习作为延伸教学内容；对于英语基础一般且学习能力一般的 B 组学生应该要求其完成前三项练习，将口语练习作为延伸教学内容；对于英语基础较好且学习能力较强的 C 组

同学应该要求其完成四项练习。长此以往，A组同学积累的基础知识点越来越多，当其能够自主完成口语练习的相关训练内容时，即可升为B组成员。而且老师在开展教学的过程中，还需要在信息技术环境下开展上述四部分教学活动，最大限度地激发学生的学习潜能，将复杂的语法知识采用多种多样的形式深刻刻画在学生的头脑中。学生在阶段性学习的过程中，获得极大的满足感，再加上老师的正向引导和鼓励，从而提升学生学习大学英语的效果和能力。

（三）以学生为主体的动态分层

上文中已经举例对学生的动态分层进行说明，就是根据学生的能力水平和学习需求进行分层教学。但这种分层模式并不是一直不变，需要老师定期进行考核，不断地调整各个教学层次中的人员。需要注意的是，由于大学生的荣辱心、攀比心较强，老师应该将这种层次编排尽可能地弱化，只作为自身教学时的参考标准，不要在班级中大肆宣扬。这不仅可以保障老师正常地开展教学，还可以对学生形成一种特殊的保护，防止大学生出现"破罐子破摔"的不理智学习行为。

（四）作业布置的动态分层

作业的完成情况是老师评判学生学习情况的重要参考标准，也可以对学生学习到的知识点进行巩固和训练。因此，老师在开展分层式动态作业布置时需要利用信息技术中丰富的教学资源，提升老师的教学质量和教学效率。例如：在开展大学英语写作训练时，老师可以以"春天"为主体，根据学生的学习层次，以信息技术为写作环境，布置相应的写作训练内容。学生在完成写作后，发送邮件到老师的邮箱中，提升老师的批改效率。

（五）评价机制的动态分层

评价机制在大学英语教学中占有非常重要的位置，它既可以让学生在相互交流评价中改良自身的缺点，还可以为学生学习大学英语获取新的思路。通常分为两种评价形式：一是形成性评价机制，需要参考学生的课堂状态、出勤情况及作业分数，等等，综合性较强；二是终结性评价机制，以学生的考试成绩为主。其中第一种评价机制常开展在大学英语教学过程中。例如：在对学生的作文进行批改时，老师在信息技术环境下让同层次的学生进行无定向相互批改，并让学生根据评价建议完善作文，实现共同进步的理想化教学。

综上所述，想要大学英语能够取得理想的教学成绩，就必须以学生的实际情况和教学进程作为基础开展分层式动态教学，创新教学模式，再加上信息技术的辅助，提升大学英语与学生和老师的需求契合度。但这种分层式动态教学在开展隐性分层教学时不宜让学生知晓，防止学生出现自卑心理，弱化教学效果。

第二节　"互联网+"背景下信息技术与大学英语自主学习教学模式

教育部 2007 年制定的《大学英语课程教学要求》提出，各高等学校应充分地利用现代信息技术，采用基于计算机和课堂的英语教学模式，改进以教师讲授为主的单一教学模式。新的教学模式应以现代信息技术，特别是网络技术为支撑，使英语的教与学可以在一定程度上不受时间和地点的限制，朝着个性化和自主学习的方向发展。同时指出，教学模式改革的目的之一是促进学生个性化学习方法的形成和学生自主学习能力的发展。随着我国高等教育的发展及大学英语教学改革的深入，各所高校根据非英语专业学生的实际情况，相应地采用了不同的切合本校学生实际的科学、系统及个性化的大学英语教学模式，并在实践中不断探索和完善。

黑龙江科技学院在 2005 年进行本院大学英语教学改革之初，依据《大学英语课程教学要求》（2004 年试行），在本院教改指导思想中明确了要广泛采用多媒体和网络技术，促进教学模式的改革，并指明学生是学习的主体，在大学英语教学中要充分调动学生学习的主观能动性，注重培养学生自主学习的能力。在此指导思想下，从 2005 年 9 月开始，选取 2004 级和 2005 级非英语专业部分学生进行基于现代信息技术的大学英语自主学习教学模式改革实践，历经两年试点，取得了一定成效。从 2007 年 9 月开始，学院根据《大学英语课程教学要求》，在非英语专业学生的大学英语教学中，依托《大学体验英语》这一立体化教材，全面实行基于现代信息技术的大学英语自主学习教学模式，充分体现出《大学英语课程教学要求》提出的课程设计的个性化及教学模式的网络化。

一、基于现代信息技术的大学英语自主学习教学模式的理论基础

基于现代信息技术的大学英语自主学习教学模式的理论基础是瑞士心理学家皮亚杰奠基的建构主义学习理论。该理论对基于现代信息技术的大学英语教学具有极大影响。在学习方法上，建构主义理论倡导教师指导下的以学习者为中心的学习，强调学习者的认知主体作用，同时并不忽视教师的指导作用。该理论"强调以学生为中心，不仅要求学生由外部刺激的被动接受者和知识的灌输对象转变为信息加工的主体、知识意义的主动建构者；而且要求教师要由知识的传授者、灌输者转变为学生主动建构意义的帮助者、促进者。这就意味着教师应当在教学过程中采用全新的教学模式、全新的教学方法和全新的教学设计思想。"以学生为中心的实质就是提倡自主学习，而基于现代信息技术的大学英语自主学习教学模式正是建构主义学习理论和自主学习策略相结合的充分体现。

王笃勤认为，课堂教学有其自身的局限性，大学英语教学"更多的是依靠学生课下自主学习的开展。学生的个性差别也要求学生根据自己的具体情况开展听、说、读、写、译的相应训练。"还指出，"自主学习能力的培养一般是采取策略培养的模式，自主学习能力的培养需由认知策略的培养和元认知策略的培养两部分组成，通过认知策略的培养，使学生了解和掌握各种学习策略技巧，如听的技巧、交际策略、阅读策略、写作技巧、翻译技巧和解题技巧；通过元认知策略的培养，使学生养成制定学习计划、选择学习方式、安排学习任务、监控学习过程、评估任务完成情况的习惯，从而一步步走向自主。"

基于现代信息技术的大学英语自主学习教学模式以网络为支撑，能够充分地体现学习者的主体地位，以自主、自发、独立学习为主，是大学英语课堂的外延，也是课堂教学的必要补充。该教学模式在教学和学习过程中能有效地调动学习者的积极性、主动性和创造性，更加高效地实现大学英语的教学目标。

二、基于现代信息技术的大学英语自主学习教学模式的构建

黑龙江科技学院实行的基于现代信息技术的大学英语自主学习教学模式是一种课堂教学＋学生网络自学的模式，这种模式包括课堂教学、网络自学和课外活动。在课堂教学中，教师充分发挥主导作用，利用课堂教学所用的教材，引导学生掌握听、说、读、写、译的基本知识和技能，体现学生的主体作用，使课堂成为学生展现自己语言才能的舞台。在网络自学中，充分地利用多媒体和网络技术，打破传统课堂在时间和空间上的局限，使英语教学和英语学习朝个性化、自主式、自我建构式方向发展，给学生创造自主学习环境，培养学生的自主学习能力。课外活动主要指与大学英语相关的课外素质教育活动，如英语角、各种英语技能比赛等，让学生在实践中检验自己的英语综合应用能力。

基于现代信息技术的大学英语自主学习教学模式的硬件基础是学校拥有计算机网络系统和计算机网络教室并配有专业计算机管理人员。学校在2005年6月引进《大学体验英语》全新立体化系列教材的网络学习系统，并对教师和学生分别进行了课程管理和课程学习的培训，为学生完成网络自学课程的学习奠定基础。《大学体验英语》是高等教育出版社设计开发的立体式系列教程，倡导基于计算机／网络＋课堂教学的新型教学模式，充分注意课堂教学与课外自主学习相结合，使课堂教学内容在课外得以延展。该系列教材中的大学英语学习系统、多媒体学习课件等为英语教学网络化及教学手段现代化提供了立体、互动的英语教学环境。多媒体课件提供了中外教师的双语课堂讲解、难点解析、跟读与交互训练，可供学生自主学习，网络自主学习系统可供学生学习、训练、测试，自动形成监测记录。

在实施基于现代信息技术的大学英语自主学习教学模式改革实践中，学院施行分层次教学，对二本和三本学生分别配置不同的课堂教材，网络自学课程内容虽然相同，但网络自学级别分配设置了不同的要求。在学时分配上，课堂教学为每周每班四学时，网络自学每周每班二学时；在学生课程成绩评定上，采取形成性评估和终结性评估相结合的方式，

将网络课程的成绩纳入形成性评估中。

三、基于现代信息技术的大学英语自主学习教学模式实践

黑龙江科技学院自2007级非英语专业学生开始，对大学英语课程的教学采用基于现代信息技术的大学英语自主学习教学模式，具体的教学流程如下：

课堂教学。传统课堂教学面授有其自身的优势和必要性，因此，学院重视课堂教学环节，推广实施以学生为中心的主题教学模式。无论二本还是三本学生课堂教学所用的教材均为国家规划教材，课本每一单元的听、说、读、写、译各项技能的培养与训练都围绕同一交际主题展开。教师充分发挥主导作用，要求学生对每一单元的主题进行预习并借助图书馆及网络查找资料，在课堂上引导学生对相关话题按听、说、读、写、译分项技能进行研讨，给学生提供自我展示、畅谈主题、语篇分析、模拟练习及技能训练的机会，并及时地对学生进行评价，答疑解惑，培养学生英语综合运用能力。

网络自学。大学体验英语学习系统设计人性化，使学生通过人机互动，达到有话想说、有话会说的目的，激发学生自主学习的兴趣，满足个性化学习的需要，培养提高学生的听说能力。学生的网络自学与课堂教学一样排入课表，在学生第一次进行网络课程学习之前，由任课教师在主控机内输入学生的个人信息和卡号，进而自动生成学生个性化密码，为进入学习系统做好准备。学生进入学习系统第一步是进行基本能力初始测试，测试成绩达到及格标准，将自动越过0级学习课程进入一级学习课程，不合格将自动进入0级课程进行学习。课程分为0～6级，学生自主掌握学习进程，每学期基本能完成1～1.5个级别的学习内容，学习时间、进度和网络自学的成绩也由系统自动记录。

课外素质教育活动。是学生进行课外自主学习的一种表现，每学期组织学生参加英语角或无线耳机听说，及各种不同内容、不同形式的相关英语竞赛活动，由教师对学生的参与情况作出及时准确的评价和记录。

课程评价。学生的大学英语课程成绩由形成性评价和终结性评价组成。形成性评价和终结性评价分别占有的成绩比例根据每学期具体情况的不同来调整，现以黑龙江科技学院2010—2011学年第一学期的大学英语成绩评定方案为例：学生的期末成绩由形成性评价成绩、终结性评价成绩和素质教育活动加分组成，采用百分制。形成性评价占50%，采用课内外考评相结合的形式。其中学生课内教学活动占20%，分别由出勤表现（5%）、口语表现（10%）、平时测试（5%）组成。学生课外教学活动占30%，分别由作业（5%）、网络自学（10%）、学期大作文（10%）、英语角（5%）组成。在形成性评价中，口语表现10分由学生个人日常口语表现4分＋团队口语表演6分组成；平时测试5分是各教研室根据不同教材分层次确定考核内容随堂进行，本学期进行2次；作业5分由各教研室根据不同教材、不同授课对象按听说读写分项进行，要求教师全批并讲解；学期大作文10分，该作业在学期最后一次课前上交，课程结束前2～3周，老师根据每个单元的写作教学内

容，向全班学生分组布置不同的题目，学生通过课外查阅资料，在课外完成；网络自学成绩10分，执行网络教学设计小组制定的考核方案，按学生的起始级别、学习进度及网络学习系统给出的听说综合成绩计分；英语角则根据学生参加英语角的表现加分。终结性评价占50%，对学生进行期末测试，分层次按教材出题，试题由主观题和客观题两部分构成，题型为听力、阅读和翻译。素质教育活动加分，由教研室根据本学期教学活动的层次和比例确定。

几年来的基于现代信息技术的大学英语自主学习教学模式的实践表明，该模式具有教学效率高、信息输入量大、能实时评价等优势，实现培养学生的英语综合应用能力，特别是听说能力以及增强学生自主学习能力，提高学生综合文化素养的大学英语教学目标，具有可行性和有效性。该模式将课堂教学和网络自主学习结合起来，教师在课堂上激励信心、指导学习策略、检查学习效果、管理组织学生，网络学习系统则赋予学生学习自主权，实现个性化教学及个性化学习，培养学生多方位学习和终身学习的能力。从学生和教师的反馈看，无论学生和教师都认为这种模式调动了学生语言学习的兴趣，使学生自觉学习、自愿学习的主观能动性得到充分发挥，使大学英语教学多年来的哑巴英语现象逐渐改变，达到了语言学习的实用性目的。网络学习系统对学生的学习进行即时评价，学生很有成就感，激发了学习动力和进取心。从学生的学习成绩看，学生的口语成绩和课程成绩均有大幅提高，一次性及格率提高明显。在基于现代信息技术的大学英语自主学习教学模式操作中，需要注意的是该模式是将课堂教学和网络自学相结合，二者不能相互取代，而要优势互补。以学生为中心的自主学习也绝不是让学生完全自由活动，而是在教师指导下的自主学习课堂，教师要肩负的是指导、监控、评价的职责，需要不断地更新教学理念，进行理论与技术培训，提高自身素质。

基于现代信息技术的大学英语自主学习教学模式还处于实践探索阶段，仍有许多问题需要探究，如教师如何对学生更好地进行自主学习策略指导，形成评估中网络自学成绩的合理比例，开发设计多教材多版本的网络学习系统，使学生能广泛地选择适合自己的网络个性化自主学习等。随着教学改革实践的不断深入，基于现代信息技术的大学英语自主学习教学模式必将逐步得到完善，从而对更加高效地实现大学英语教学目标，优化英语教学，促进学生个性化学习方法的形成和学生自主学习能力的发展起到推动作用。

第三节 "互联网+"背景下信息技术与大学英语阅读教学新模式

大学英语教学作为高等教育的一个有机组成部分，对于培养学生全面发展、提高自身能力、适应国家社会发展和促进国际交流起着重要的作用。阅读是大学英语教学中的一个重要环节，然而传统的阅读教学已不能满足时代发展和学生自身需求。在网络信息技术日新月异的今天，如何进行积极创新，真正地激发学生学习英语的兴趣，提高学生的英语阅读及其他能力成为广大英语教师所关心的问题。

一、阅读教学的重要性及传统阅读教学的问题

在英语学习的四种基本技能（听，说，读，写）中，阅读占据着重要的地位。在语言习得过程中，阅读和听力属于语言输入，会话和写作属于语言输出。要想获得满意的语言输出就必须要有丰富优质的语言输入。大学英语阅读教学是大学英语教学当中的一个重要的组成部分。它有助于提高学生的听说、写作、翻译等能力，并有助于拓宽学生的知识面，了解中西文化的差异，提高学生的交往能力。因此，要想提高学生的听说和写作能力，就必须改善和提高阅读教学。

然而传统的大学英语阅读教学以教师讲授为主，教学内容单一，信息陈旧，教学方法一成不变——（每堂课上老师都习惯从字词句开始带领学生进行语言、语法知识点和篇章结构的讲解和梳理）使学生上课缺乏主动性，没有使学生培养起自主学习的意识和良好的阅读习惯。

二、网络信息技术给大学英语阅读课带来的机遇和挑战

随着经济社会的飞速发展，现代科学技术取得了突飞猛进的进步。诞生于20世纪50年代的计算机网络系统对人类社会生活的方方面面和各行各业产生了深刻的影响并带来了诸多好处。其中对高等教育的渗透，给高等教育的发展带来机遇和挑战。

网络信息技术对高等教育的影响包括以下内容：

① 网络信息技术为高等教育提供了新的教育手段和技术；② 网络信息技术使教师的角色发生了转变——老师从文化知识的传授者和教育教学的管理者变成知识体系的建构者和人际关系的艺术家；③网络信息技术使高等教育的方式和方法发生了根本性的改变。它使传统的灌输式和被动式教育方式转变为兼有自主性和灵活性的方式，突破了时间和空间

的限制；④ 网络信息技术使办学方式从单一的全日制教育向多层次、多形式、多规格的教育转变；⑤ 网络信息技术为学生提供了丰富和多元化的信息，能激发学生对现代科学的学习兴趣，帮助学生拓宽知识面，提高专业素质；⑥ 网络信息技术能培养学生的自我精神，发展学生的个性，使学生能自我完善和自我提高。

此外，网络信息技术还具有资源丰富，互动参与性强，传播路径多元化，传播模式多样化等特点。这些优势势必对大学教育的课堂教学模式、教学手段、教学主体、教学资源等方面产生深远的影响。

三、大学英语阅读课的新教学模式探讨

（一）教学内容的转变

以往的大学英语教学，都围绕着学校所订教材进行。由于一些客观因素（如，经费短缺，老师们不想重新备课等）使一套教材使用多年，因其内容陈旧，与时代脱节，学生学起来如同嚼蜡，毫无兴趣可言。但新兴的网络信息技术手段在日常教学当中的介入，老师可根据教材单元话题，从互联网或其他移动媒体终端（如 China Daily 的手机双语报和微信当中的 China Daily App 等），有的放矢地寻找和整理契合学生英语水平的阅读材料，从而丰富课堂内容，提高学生的学习兴趣。

（二）教学方式的转变

传统的英语阅读教学过多地关注教师的课堂讲授，学生只需要带着课本和耳朵就来上课。教学内容的按部就班，使课堂教学失去了活力和吸引力，学生失去了兴趣和自主学习的能力。

伴随着网络信息技术的日新月异，新的教学方式和手段不断涌现，其中最具有代表性的就是微课、翻转课堂和慕课。

微课，顾名思义就是微型课程，它是一种以互联网为基础，融合传统的教学模式的新型教学模式。它以微型教学视频为主要载体，针对某个学科的知识点（如重点，难点，疑点，考点等）或教学环节（如学习活动，主题，实验，任务等）而设计开发的一种情景化，支持多种学习方式的在线视频课程资源。它有三种类型：Picture story(PPT 式微课)；Lecture record（实录式微课）以及 Screen capture(利用录屏软件和先进的演示文稿软件录制讲授讲解过程），由于课程时间较短，内容丰富，传播便捷，课程可反复观看的优点，深受教师和学生的喜爱。

翻转课堂（Flipped Classroom）是一种颠覆传统教学理念的新的教学模式。它采用"先学后教"的教学步骤，老师在课前采用录制小视频的方式，把教学的目标、重难点和相应的知识点等充分展现给学生，让学生在课前进行自主学习。在课上，老师组织学生进行讨论和交流来答疑解惑，帮助学生掌握知识。翻转课堂注重培养学生的学习主动性，有利于调动学生的学习积极性，它颠覆了教师在课堂当中的主体地位，让学生真正成为课堂的参

与者和建设者，有利于实现师生之间的真正互动，达到良好的教学效果。

慕课 MOOC(Massive Open Online Course) 是一种免费向大众开放的网络课程。它是由加拿大教育学家 George Siemens 和 Stephen Downes 在 2008 年秋季创造的。它具有规模大、无边界、开放性、成本低和易获取知识的特点，因而受到世界各地学习者的追捧。慕课于2013 在中国出现了繁荣发展的局面，中国的许多知名大学，如北大、清华、复旦等都陆续开发并上线许多网络课程。慕课教学体现个性化。课前，老师把课程内容和资源进行整合，对教学当中的基本知识点、基本技能、重难点进行合理的安排，抽取部分内容，制作成小视频，发布到网上，让学生在课前熟悉和了解，从而为课上的进一步讨论做准备。在课堂教学中，老师变成了课堂的组织者和引导者和学生思想的启发者。

（三）教学主体的改变

老师不再是学生获取知识的唯一来源，也不再是课堂教学的主导者。采用微课、翻转课堂或慕课的教学方式，势必会削弱教师以往的主体地位，激发学生从课前就融入教学中，发挥自己的主观能动性，进行积极的学习。老师则变成了课堂教学中的引导者和辅助者。

（四）教学评价方式的转变

网络信息技术对教学的渗透使老师可采用多种方式来评价学生，获得对学生英语能力的较为全面的认识。老师可在课前的自主学习、课上的讨论等环节、课后的知识巩固和拓展活动中对学生进行评价，评价不再局限于一张试卷成绩，评价可以是多样的、动态的、不受时间和空间限制的。

网络信息技术的飞速发展给大学英语阅读课注入活力。新型教学方式的涌现（如，微课、翻转课堂和慕课等），给大学英语课带来了生机。大学英语教师们应转变观念，勇于接受科技发展给教育带来的机遇和挑战，结合学生特点采用不同的教学方式来帮助学生真正地提高英语阅读能力及英语水平。

第四节 "互联网+"背景下信息技术与大学英语写作教学模式

网络时代，计算机网络技术已经成为外语教学不可或缺的现代化教学手段。随着二语习得的发展，英语写作也愈来愈多地被外语教育研究者关注。尤其《大学英语教学指南》要求教师要充分地利用网络教学平台，为学生提供课堂教学与现代信息技术结合的自主学习路径和丰富的自主学习资源，促使学生从"被动学习"向"主动学习"转变。因此，大学英语应大力推进最新信息技术与课程教学的融合，继续发挥现代教育技术，特别是信息技术在外语教学中的重要作用。

目前一种辅助外语写作的自动评价系统逐渐应用于二语写作课堂。这种趋势引起教育者的关注，并进行相关研究。研究主要集中在自动评价系统对写作和教师影响、信度和效度的研究、对学生写作结果的影响和写作过程的研究。研究结果发现，自动评价系统提供的及时诊断性反馈和实时评分，可以激励学习者写作目的的培养。但这些研究成果的应用性和可操作性对于广大一线写作教师有些欠缺，特别是忽视了学生的社会性这一本质。因此，如何将现有的信息技术有效应用于写作课堂教学，构建普及性与操作性较强的教学模式将是本研究的重点。

本节将结合中介作用、建构主义和社会文化理论，建构在线评价系统如何融入大学英语写作教学模式，希望能为英语写作教学提供易于操作的可行性方案。

一、理论基础

（一）中介作用理论

Feuerstein 最早提出的中介理论 (theory of mediation)，认为儿童的学习离不开父母、老师的干预，需要这些学习中介者提供合适的刺激并干预儿童对刺激的反应。中介作用的核心在于"中介"，学习者通过教学环境、他人以及自我中介工具的变化会产生中介作用。基于网络信息的在线评价系统改变传统的单一的、面对面的学习环境和评估方式，在学习过程中可以有效调节写作课堂教学。李池利曾提到：物理介入（参与学习的媒介与评估方式）、自我中介（如学习者语言学习态度和观念）、学习共同体介入（重要他人如教师、同学和朋友）和角色介入这四种写作介入对写作过程有重要影响。

（二）建构主义理论

建构主义认为，知识不是通过教师传授得到，而是学习者在一定的情境即社会文化背景下，借助其他人（包括教师和学习伙伴）的帮助，利用必要的学习资料，通过意义建构的方式而获得。建构学习理论强调学习者在学习过程中的主体作用，倡导以学生为中心的学习；另一方面也强调学习是在一定的情境即社会文化背景下，借助其他人的帮助即通过人际间的协作活动而实现的意义建构过程。根据构建模式理论，教师在写作教学中还应充分地发挥主导作用，设计有效的教学活动，以学习者为中心，促进学生在学习过程中主动建构发挥主体作用。

（三）社会文化理论

社会文化理论是由苏联心理学家维果茨基 (L.S.Vygotsky) 提出来的，它强调社会文化因素在人类认知功能的发展中发挥着核心作用。人类认知活动的最重要形式是通过社会和物质环境内的互动而得到发展的。邵春燕在实验研究中指出社会文化理论促使我们从一个全新的角度去审视二语写作：写作具有社会性，可被视为社会文化语境下的一项活动；不同水平学习者通过互动与合作创建最近发展区，为写作发展提供动力；在社会互动中，教师或高水平学习者能够提供支架帮助，促进学习者水平提高。现代教育技术提供的平台和课堂教学有机融合，形成课堂内外师生学习的共同体，更加有助于提升学习能力。

以上这些理论为大学英语写作教学模式提供了坚实的基础。一方面，在线评价系统的介入可以发挥学习者主体性作用，促进学生的合作学习。另一方面，教师可以利用信息技术平台布置大量的写作训练，学习者利用在线评价系统实时反馈，在写作修改过程中构建知识，通过课堂活动设计将不同反馈方式有机结合，在课堂学习过程化和在动态合作对话中获得发展的动力。

二、构建大学英语写作模式框架

本研究基于中介作用、建构主义和社会文化理论，提出"五步"教学模式：即以信息技术为教学手段、课堂活动为载体的教学方式，写作教学历经"讨论—写作—在线反馈／修改—小组自评／修改—教师反馈／修改"的一系列过程。

第一步为课堂讨论。文秋芳，周燕指出：外语写作教学普遍强调语言的交际功能，忽视语言信息功能和思维功能。写作前活动设计既是认知思维活动，又是语言运用活动，是帮助理顺思维使其条理化、清晰化的过程。基于构建理论，教学活动应仍以教师为主导，按照教学大纲要求，在课堂上讲授英语写作的方法和技巧，课堂活动中设计头脑风暴的方式，使学生积极主动参与课堂讨论。在教师引导和启发下，学习者就广泛的社会、文化主题发表各种的观点，培养其善于质疑、发现问题的能力。讨论活动后要求学生在课上陈述讨论结果。

第二步，线上写作和反馈修改。二语写作能力主要由二语语言能力和写作能力构成，前者表现为学习者对拼写、词汇、句法等语言技能的掌握，后者表现为对读者意识、写作技巧的运用。信息技术即在线评价系统，是开展写作教与学时使用的工具，教师可以通过网络平台大量布置写作任务，学生充分地了解写作任务和要求后，在网上写作并提交作文，自动评价系统实时评分给予诊断性反馈后，学生根据要求进行自我修改的第二写作。自动反馈也是学习者在评价系统上开展第二写作过程的重要中介工具。自动评价系统能够为学习者提供个性化反馈，辅助其纠正拼写、词汇、句法等语言错误。同时，学习者通过在线检索工具，主动构建错误和解决问题的模式，有助于学习者反思自己的语言使用，检验语言假设，增强责任感和主动性。

第三步，同伴互动，小组自评与修改。Murray 认为在写作过程中修改能够带来学习进步，评改有利于学习者，因为反馈能够与学习者的内部因素共同发生作用，促进语言发展。写作在贯彻教学目标中要求同伴互评，具体要求学生小组内根据教师设计自我评价表，结合在线评价系统的数据分析，促使学习者反思自己或他人的作文，提出有意义的修改意见，经过"反馈"和"修改"的多次循环后，评出小组内最佳作品给教师。这种给予学习者讨论和思考的机会，有助于提升学生获取、运用新知识的能力。

另外，小组合作学习过程实现角色互换，这种角色的介入，不仅学习环境和规则而且社会分工也发生了变化。根据社会文化理论，各成员的劳动分工、身份地位和权力关系会影响活动过程。学生在利用自动批改系统和教师设计自我评价表推选过程中，以学习者和评价者及参与者的多重身份参与，学生对滋生语言水平和自动反馈的工具的认知与情感因素导致写作过程中的任务分工和权力地位关系始终处于矛盾的变化状态。这些矛盾的存在也在不断推动着修改活动的进行。因为在同伴和小组反馈的过程中反馈者比较和评价同伴的作文，不仅提升了学生的质量意识，更有助于培养和提高评价能力和创新能力的思维方式。

第四步，教师反馈。教师对课堂教学有重要的影响，技术服务于教学，作为教学中主导者的教师其理念和态度直接影响教与学的效果。社会文化理论强调师生是学习的共同体，作为学习共同体承担着活动的设计者、支持者、监管者和评价者的角色。在教学过程中教师通过合理分组、系统培训、实时监督等方式，引导学生积极参与讨论，及时解决学习过程中的各种问题。充分地利用在线系统反馈数据，跟踪和采集学生的学习行为，分析学习者问题，从而更有针对性地从篇章结构和思想内容教学，指导学生更有效地再次写作学习。

第五步，根据在线反馈第一次修改，小组互评第二次修改后，最后在老师课堂点评教学后，学生再次进行第三稿的修改润色写作。学生在一系列循序渐进的不断修改的过程中实现写作能力的提升。

现代信息技术应用于大学英语教学，使得教学手段现代化和便捷化。本节提出的"五步"大学英语写作教学模式，通过教师有效设计课堂活动，合理使用信息技术元素，组建写作过程化的共同体，不仅促使学生的社会互动与合作，有助于自主学习能力和合作学习能力培养，教师也从耗时耗力的语言修正评改的任务中解脱出来，投入更有意义、更有效的课堂教学中。本节所提出的课堂教学模式对改进大学英语写作教学有借鉴参考意义，该模式开展的实证性研究将验证其教学模式，结果将在后续论文中发表。

第五节 "互联网+"背景下信息技术与大学英语翻译教学模式

伴随经济全球化的飞速发展，英语翻译在国际文化交流中占据重要地位。然而当前因对翻译教学重视不够、翻译教学模式陈旧等原因，致使翻译人才无法满足社会对高水平翻译人才的需求，这一矛盾日趋突出。

《大学英语课程教学要求》确立了新的教学目标，提出全新的教学模式，突出贯彻先进、满足学生兴趣的教育理念，培养学生英语综合应用能力。在信息技术环境下，怎样把多媒体与网络通信和英语翻译教学充分融合，提升教学效率，实现培养目标，是当前面临的重要课题。

一、传统英语翻译教学存在的不足

（一）教学模式缺乏创新

传统的大学英语翻译教学模式以教师讲授为主，学生被动地接受。学者研究表明，当前的翻译教学大多是以教师为中心；在知识传播中，教师只重视翻译的最终结果，即从学生的译文中检测学习效果。这种教学模式下，主要由教师讲解翻译理论与技巧，缺乏师生之间的有效交流，且传统翻译教学目标主要是训练学生掌握词汇与句子这两种语言的转换能力，并不是让学生掌握语言应用能力，无法培养学生英语翻译实际应用能力。

（二）翻译教材陈旧

当前众多高校所采用的翻译教材老化，在内容上近乎相同，有些教材即使是最新出版的，也缺少新意，无法满足能够符合理论与实际紧密结合与时俱进的时代的需求。英语教师在课堂教学中，主要依据现有教材进行教学，教材中设计的相关习题，也仅是为了复习与巩固文章涉及的词汇与句型等，达不到提高职场实际应用能力的效果。这类教材的编写缺陷以及教学训练与实际要求的脱离很难使学生对英语翻译产生兴趣，不利于学生翻译应用能力的提高。

（三）教学时间短，课时量少

当前的教学模式下，英语翻译教学课时过少，有的甚至只是为了应付考试，无法从根本上达到提升翻译能力的培养目标，更不用说要向学生传授必要的翻译理论知识了。另外，英语学习需要一定的语言环境，包含自然环境与课堂环境。单一的课堂环境使得英语翻译的学习受到时间与空间限制，课内与课外学习脱离，进而影响到教学质量与效率。

（四）评价方式单一，未关注学生个体差异

当前英语翻译教学评价方式单一，主要采取应试教育的考评机制，翻译学科学习成绩以笔试成绩考核为主，评价方式较为传统，且对学生翻译能力的评估较为片面，对学生口译及反应能力无从考评。另外，传统的教学模式，较难关注学生的个体差异。翻译学习也是将考试作为终极目标，难以提高学生的学习动力，也难免造成学生的英语翻译能力参差不齐。

二、信息技术应用于英语翻译教学的优势

信息技术应用于英语翻译教学可以弥补传统英语翻译教学存在的不足。

（一）丰富教学方式，激发学生兴趣

随着信息技术的发展，多媒体工具普遍应用于各学科教学中。多媒体教学工具的使用，

将课程内容以视频、音频、图片等方式进行展现，使课程教学更加生动、活泼，增加了教学信息量。多媒体教学最为重要的一点是改革传统的教学模式，丰富教学方法，通过多媒体课创设翻译教学情境，让学生融入语境中，接受英语的熏陶。

（二）提升翻译教学效率，促进学生自主学习

翻译教学不仅限于课堂教学，课外学习也尤为重要。伴随信息技术发展、各种翻译工具的出现以及辅助教学实施，翻译教学效率得到了大大的提高，如，语料库的使用。语料库是存储语言素材的数据库，通过存储原始语料文本或者带有标注的文本研究目标语的特点。通过多媒体教学工具，将语料库中的文本图文并茂地展示，可以进一步地提升教学效率。

信息技术不仅可用作辅助教学手段，还可扮演学习工具的角色。在信息技术应用基础上创建新的教学环境可促进学生获取信息、知识应用以及解决问题的能力，并引导学生自主学习。如，可利用微信、QQ 群等先进的交流工具对翻译问题进行探讨或者模拟翻译场景，激发学生进行自主学习。

三、信息技术环境下英语翻译教学模式改革的必要性

《大学英语课程教学要求》把重视网络资源的使用作为课堂教学的重要手段之一。要充分运用多媒体、网络技术发展带来的益处，改革传统的教学模式，使英语教学朝个性化、不受时间与地点限制、主动式等学习方向延伸，重视网络资源的使用。在当前的英语教学中，翻译教学的时间十分有限，且大班教学，教学效果不理想。

显而易见，传统教学模式无法解决当前翻译人才匮乏的问题。课堂教学与网络学习平台是相辅相成，融为一体的。课堂教学传授基础翻译知识、技巧、跨文化交流等方面的知识，网络平台可进行翻译练习、教学案例分析、师生讨论区等。两者之间融会贯通，取长补短。鉴于当前的教学现状，在信息技术背景下探索提高大学生翻译能力的教学模式，构建系统、全面的翻译教学与网络平台结合的教学模式，同时，搭建测评系统，对教学模式进行辅助评价尤为必要。

四、信息技术环境下英语翻译教学模式的构建

（一）课堂教学内容

课堂教学内容的重点是如何将翻译教学更好地融合到大学英语综合课堂中来。在有限的课堂教学时间，让学生掌握多方面知识，需要教师精心准备教学内容。翻译教学与大学英语综合课程内容的融合，主要从以下方面入手：第一，英语教师根据课文有计划、针对性地对翻译理论、英汉互译常用方法与技巧进行讲解，并与当下时事信息进行联系。第二，在词汇教学中，教师要对一词多义、常用词与常用法进行重点讲解。第三，在英美文化教

学中，教师可结合课时增加相关内容。

（二）网络平台教学内容

伴随信息技术的发展，各种网络教学平台出现在公众的视野中。运用网络进行自主学习，有利于课堂教学效率的提升。通常来说，网络平台各模块内容主要如下：翻译专业知识，包含翻译技巧与方法、专业知识、职业知识等内容；翻译资源库，包含职业场景模拟、优秀翻译赏析、试题、翻译素材等；翻译学习辅助工具，如翻译软件，在线词典、论坛讨论区等；教学管理，包含作业提交系统、学习记录等；在线交流论坛，提供学生与学生或老师的在线沟通。

（三）构建全面、系统的学生翻译能力评价体系

大学英语翻译教学中的重要反馈是评价体系的建设。科学、合理、客观的评价体系是实现课堂教学目标的保障。以网络平台教学为基础的大学英语翻译教学模式，其评价体系是多元化的，更具客观性。多元化评价的依据主要参照网络教学平台与学生课堂表现；网络教学平台具有记录学生课外学习的功能且平台能够根据预设的操作自动汇总学生的学习情况，形成学习档案。这些数据可以帮助教师与学生进行评价。

英语翻译是跨文化交际的重要媒介，而当前，大学生应具备的翻译能力并不乐观。教育理念与教学模式应紧跟教育的步伐，与时俱进。当今时代是信息技术飞速发展的时期，信息技术逐渐渗透到教育中来，英语翻译教学也不例外。本节主要探讨如何将信息技术的优势与大学英语翻译课程相融合，通过改革既有的教学模式，构建全面的教学模式，激发学生学习的兴趣，并进行自主学习，实现教学目标，培养符合当前社会对翻译人才的要求。

第六章 "互联网+"背景下信息技术与大学英语教师教学研究

第一节 "互联网+"背景下信息技术与大学英语教师专业发展研究

进入 21 世纪，我们深刻认识到信息和通信技术给我们带来的巨大影响。它正在开启新的教学和学习的可能性，同时也给教师们带来了新的挑战。教师们面临着一个号召：将信息交流技术整合到自身发展中去，从国家标准、学校管理人员，到家长、学生都要与信息技术与媒体相关联。建构主义学习，转型学习和体验式学习提供一个丰富的框架，让我们可以从信息和通信技术的角度来看待教师的发展，并对该领域的教师学习过程提供了深入的了解。建构主义学习的主持人认为学习者是学习的中心。知识是由向他人传达其含义的学习者构建的，真正的环境对学习者来说很重要。很多专家认为，学习是一个人的世界观的批判性反思和自我反省的过程，根据新的知识和对一个人的观点或参考系的基本重组。经验学习试图利用人类的经验作为学习过程的一部分。视专业发展为成人教育，不仅能帮助教师作为学习者，还能根据他们的需要、兴趣和经验，自觉地协助发展。

一、英语教师专业发展内涵

在过去的十年里，大量的文学作品出现在专业发展上。根据教育资源信息中心 (ERIC) 数据库的同义词典，专业发展指的是促进职业生涯发展的活动。这些活动可能包括个人改进，深度学习，同伴合作，同行指导或指导，展开辩论，继续教育，学习小组，对教育学和他自己的实践发表新见解，探索对内容和资源的新理解或高级理解。在英语教师专业发展的改革过程中，大部分的研究都采用了心理学或认知的方法，很大程度上忽视了教师专业成长中的社会因素。因此，本节从社会学和人类学的角度对大学英语教师专业发展进行研究，建立一个理论和分析框架。学习型社会的概念构成了理论框架的核心，它是对教师社会化过程中的紧张和冲突的理解，是在激进变革的背景下对教师群体的理解。英语教师的发展是一个不断变化的过程。这是一种远比训练更难以预测或指导的策略，它高度依赖于教师个体。它整合了教科研的各个方面，这些方面是特殊的和个人的。发展与学习氛围密切相关，它强调教师的态度和意识。

二、信息技术指导下的英语教师专业发展方向

寻求在线资深专家。教师经常被要求参加由"外部专家讲授"的讲习班。通过在线学习，青年教师不仅得到了同行的支持，而且还受到了来自专家的指导和来自其他学校的资深学者的指导，并得到了及时的教育和职业发展。资深专家安排互动，让年轻教师有机会谈论他们的经验和问题，并有机会改变他们的教学行为。资深的英语教师也可以帮助年轻的英语教师以不同的方式看待教学，并为他们提供机会来提出自己的问题，并作出自己的决定。

网站分享案例。把教科研中遇到的案例放到一个固定的专业网站上。案例研究是行为方面的深入研究。在一个周期或者一段时间内，案例研究方法提供了一个收集详细的信息的机会，不是使用其他技术的研究中可观察到的。英语教师可以自己学习这些案例。根据不同的目的，他们可以选择他们认为可以立即使用的案例。通过阅读、研究和分析，英语教师掌握了事实和情况。他们体验在现实生活中发生的各种教学情境，他们分析他们的反应和策略是否合理，他们发现了因果关系，他们找到了解决这些问题的方法。

虚拟现实的最佳环境。虚拟现实是一个真实的或想象环境的模拟，它可以在三维的宽度、高度和深度上进行视觉体验，并且可以提供一种视觉上的交互式体验，可以通过声音和触觉以及其他形式的反馈来实现。这些都离不可信息技术的支撑。学习一门语言不仅意味着要学习语言的词汇、语法和声音，还要学习如何在不同的情况下恰当地使用语言，这取决于说话者和对话者之间的关系，情境的设置以及上下文等因素。学习不同的文化也很重要。在中国，学习英语就是学习一门外语。也就是说，英语学习者在教室的墙壁外可能很少听到或没有英语，或者他们与母语为英语的人的接触可能是一种奢求。此外，语用语言的信息往往仅限于教科书和其他课堂材料。因此，创造一个最优的英语学习环境是非常重要的，尤其是在建构主义思想的基础上。通过虚拟现实，英语教师可以通过筛选、移动、旋转、触摸和其他交互的方式，构建一个虚拟图像序列。显然，3D场景，根据不同的功能提供了大量的短剧。这些短剧提供了对语用语言使用的非语言评论，例如，沮丧、高兴、惊讶和其他感觉。

在信息技术的大力发展和支持下，不光语言习得方式空前增多，英语教师的专业素养和发展也随之得到提升。一方面，英语教师可以根据不同的文化感受不同的语言使用基础；另一方面，英语教师可以为自身的进一步发展提供生动、清晰的语言材料和环境。

第二节 "互联网+"背景下信息技术与大学英语教师教学角色建构

信息技术教育应用经历了三个主要的发展阶段：计算机辅助教学、计算机辅助学习和信息技术与课程整合，目前信息技术教育应用正处于第三个发展阶段。在此阶段中，现代信息技术与学科课程的有效整合是发展的关键问题。随着慕课、微课等新技术的出现，现代信息技术在教学中的应用越发深入人心，大学英语教学也应顺应此教学模式，通过课程教改进入新的发展阶段。如何改革和完善传统的英语教学模式和教学结构，既发挥英语教师的主导作用又充分体现学生主体地位，是现阶段急需解决的问题，而大学英语教师教学角色的转变是解决此问题的核心。

北京师范大学何克抗教授首次引入 Blending Learning（或 Blended Learning）这一概念。其核心理念是将传统学习方式的优势和 e-Learning（即数字化或网络化学习）的优势结合起来，既要发挥教师引导、启发、监控教学过程的主导作用，又要充分体现学生作为学习过程主体的主动性、积极性和创造性。在大学英语教学中，应努力争取以"教师"为中心的教学模式和以"学生"为中心的教学模式两者取长补短、相辅相成，形成更符合现代教育新理念的"主导—主体"结构的英语教学新模式。在现代信息技术背景下，大学英语教师应当积极发挥主观能动性，结合英语语言的特点，利用信息技术对大学生的影响，丰富学生的学习体验，提升学生的学习效果。

在上述教学模式的实施中，教师的主导地位显而易见。因此，在现代信息技术背景下，大学英语教师应该如何自我定位，如何发挥其主导作用，是其职业发展的重要问题。

一、传统授课能力

传统课堂教学仍然是一种十分可行且有效的教学模式。正如《美国教育技术白皮书》中提到"e-Learning 能很好地实现某些教育目标，但是不能代替传统的课堂教学"，而且"e-Learning 不会取代学校教育，但是会极大地改变课堂教学的目的和功能"。

几乎所有青年英语教师在刚入职时都会听到资深教师的叮嘱，要"站稳讲台"——看似简单的四个字，却需要长久的磨炼和沉淀才能达成。不论信息技术的发展达到何种程度，其发展对教学的影响有多深，传统授课能力始终是英语教师职业能力的基础。作为合格的大学英语教师，要注意以下几点：

善于分析——分析是教学活动开展的基础。分析教材内容，选择适当的素材，取舍得当；分析学生情况，了解学生的需求，因材施教；分析学科发展，了解前沿知识，融于教学；分析自身因素，明白长处短处，不断学习改进。

善于表达——表达不仅包括英语语言表达，也包括肢体表达形式及各种辅助形式。通过良好的英语语言表达，深入浅出地将复杂问题清楚化、简单化；通过各种教学示范，配合语言讲解，将课堂教学具体化、实践化；通过多媒体等各种教学辅助手段，使教学活动生动化、趣味化。

善于组织——在教学活动的组织中，英语教师应当起到主导作用，引导学生主动地参与教学活动。英语教师应该注重课堂互动的开展，不断地优化互动方式，将学生、教学目的、教学课程、教学方法、教学环境、教学信息反馈、教师七个要素有机结合。

善于反思——反思才能进步，总结才能提高。通过每一节课的教学活动反思教学方法的使用、教学内容的选择，反思教学目的是否达到等，并不断地听取学生及其他教师的反馈意见。通过反思与总结，改进和完善语言表达、教学组织。

二、学识教研能力

由于政治、经济、文化、社会等多方面发展的影响，大学英语教学已从传统化、单一性的语言教学转变为了现代化、多元性的教学。除了语言本身的语用功能和交际功能外，英语与经济学、新闻学、政治学、计算机等多领域结合，实现了跨学科、多方位发展。因此，大学英语教师应顺应知识发展的新趋势和新特点，涉猎相关学科领域，扩大视野。

美国高等教育和社会学教授伯顿·克拉克认为："科研本身就是一个效率很高和非常有利的教学形式"。大学英语教师可以通过阅读学术论文、参加学术会议、参与教学研讨等方式，学习英语发展的前沿知识和英语教学方法的新动态，并将其运用于教学中。

教学能力、科研能力、创新能力等都需要通过系统培训及反复磨炼才能获得。通过参加各类教学比赛，大学英语教师可以锻炼教学掌控能力、培养教学思辨能力，逐步形成逻辑清晰、结构合理、行之有效的个人教学风格。同时，大学英语教师可以通过指导学生参加各类学科竞赛、毕业论文和设计及综合技能训练等，在培养学生科研创新能力的同时，自身也能得到进一步提升和发展。

除此之外，参与研讨会、培训课程、深造教育等方式均是大学英语教师提高专业知识及教学技能的有效方式。

三、信息技术能力

在现代信息技术与学科课程的有效整合中，熟练掌握和运用信息技术并将其与教学紧密结合，是现阶段大学英语教师的重要任务。信息技术在教学中的运用能够建构更合理有效的教学形式，实现多维度整合，激发学生兴趣，提高课堂效果的目的。

由于英语教师自身知识的局限性，现代信息技术的运用中技术含量高和专业性强的部分，如各种教学平台的技术搭建、教学软件的编制等，都需要依靠专业技术人员完成。美国密歇根大学的研究表明"教学咨询人员在帮助教师解释数据并识别提高教学水平的策略方面起到了关键作用"。各级教育部门及各高校的教师发展中心，可以为教师提供多种资源支持服务，如：提供教学相关的图书馆资源、教学指导、阅读期刊文献、教学中心网站链接、名师教学视频和教学中可能用到的软件等。

除了使用由专业技术人员搭建和管理的教学信息平台外，大学英语教师还可以通过合理使用各类电脑和手机软件、慕课微课资源、其他网络教学资源等方式，综合使用传统教学方法与现代信息技术。

作为信息技术的产物，微信既是现代大学生日常生活必不可少的一个部分，又可以作为开展教学活动的有效手段。首先，微信公众号发展蓬勃，影响迅速，成就自媒体时代，这其中与英语学习相关的公众号种类繁多，方便快捷地提供多方面信息，是英语学习的好帮手，如：北民大英语趣微学、口袋英语精选、CGTOfficial 等。英语教师可以从中了解有趣的英语小知识、英文热点等，作为课堂教学的补充，也可以推荐给学生作为自主学习素材使用；微信公众平台始于 2012 年，是一个开放性的平台，英语教师可以以个人身份申请账号，并且作为教学平台使用，发布课前英语自主学习的视频、资料等，也可通过个人的公众号发布教学任务、布置作业等；微信的基本作用是交流，英语教师通过微信的聊天功能及朋友圈功能，通过英文与学生互动，答疑解惑，创造小型英语语言环境。

学生是教学活动的主体，大学英语教师的主导作用需建立在了解教学主体需求的基础上。英语教师可以通过问卷网、QQ 问卷等网站，以匿名调查问卷的形式了解学生对于某个问题的掌握情况，了解学生感兴趣的话题，获得学生对于某门课程的反馈等，并可以通过数据分析，更好地调整自己的教学活动。

在现代信息技术背景下，大学英语教师在教学中并不应只是盲目地提倡各种新教学方法的运用，而应将传统教学方法与现代信息技术有效结合；将多种教学理念与教学方法相结合；充分考虑学生的认知主体地位，同时重视教师自身的指导作用。在教学实践中，要能够快速地汲取新知识，利用现代信息技术，不断地提升自身教学本领，调动学生的学习积极性，培养学生自主学习能力，实践让学习不止于课堂的理念，完成自身角色的建构。

第三节 "互联网+"背景下信息技术与大学英语教师教育

21 世纪信息时代的到来给人们的生产、生活和学习方式带来了翻天覆地的变化。在此情势下，把计算机、网络等硬件设施和各种软件工具、通信技术应用于教学的现象也越来越普遍。我国政府在《国家中长期教育改革和发展规划纲要（2010-2020 年）》中明确指出，"信息技术对教育发展具有革命性影响，必须予以高度重视"，要"强化信息技术应用。提高教师应用信息技术水平，更新教学观念，改进教学方法，提高教学效果"。以此为依据，教育部于 2012 年颁布了《教育信息化十年发展规划（2011-2020 年）》，指出"高等教育信息化是促进高等教育改革创新和提高质量的有效途径，是教育信息化发展的创新前沿"，要"重点推进信息技术与高等教育的深度融合，促进教育内容、教学手段和方法现代化"。在上述纲要和规划的指导下，我国各大高校积极行动起来，大力加强对硬件和软件设施的投入，加大对教师教育信息技术应用能力的培养，在推动和发展教育信息化方面取得了很大的成效。大学英语教师也积极顺应这一潮流，充分地利用信息技术设计教学过程、开发利用学习资源、管理评价学习过程，以达到更好的教学效果。

一、提升大英教师教育信息技术应用能力的必要性

大学英语课程是我国高校非英语专业大学生的一门必修基础课程。其教学的主要内容包括通用英语、专门用途英语和跨文化交际三大部分。正如王守仁教授所说："大学英语具有工具性和人文性……，我们要充分发掘大学英语课程丰富的人文内涵，真正实现其工具性和人文性的统一"。一方面，英语是目前国际上最通用的一门语言，是一种交流工具。开设大英课程的目的正是培养和提高学生对英语的实际应用能力，尤其是听说技能；另一方面，英语又是英美国家文化的载体，具有极强的人文性。因此，大学英语的教学要兼顾英语语言知识、应用技能、学习策略和跨文化交际。

《大学英语课程教学要求》明确指出，我们应当充分地利用多媒体、网络技术发展带来的契机，利用网络技术等现代信息技术，使英语教学朝着个性化学习和主动式学习方向发展。《大学英语教学指南》也对大英教师提出了"三个主动适应"的要求，即"主动适应高等教育发展的新形势，主动地适应大学英语课程体系的新要求，主动地适应信息化环境下大学英语教学发展的需要。"

要做到这一点，就意味着大英教师必须大量使用先进的信息技术，推进基于计算机和网络的英语教学，切实提高学生的英语水平和应用能力。但是囿于其专业知识，很多大英教师无法跟上教育信息技术的发展步伐。他们缺乏必要的教学信息素养和教育信息应用技能。这种缺失使得他们在当前的教学中感到束手束脚、有心无力，也使他们无法更积极地投身于大学英语的课程教学改革。因此，提升大英教师们的教育信息技术应用能力成为迫在眉睫的事情。

二、大英教师应掌握的教育信息技术能力

要切实提高大英教师的教育信息技术应用能力，首先就需要了解大英教师在教学过程中需要应用哪些信息技术，从而有针对性地对大英教师进行培训。经过对多位大英教师、信息技术专业人员的走访调查和咨询请教，笔者对大英教师必须具备的教育信息技术能力进行了归纳和总结。简而言之，要实现大学英语的有效教学，大英教师应该具备教育信息资源处理能力和教育信息课件制作能力这两大基本能力，并且在此基础上努力提高教育信息平台综合应用能力。这些能力并非独立存在，而是相辅相成。只有掌握了它们，大英教

师才能在工作中如虎添翼，事半功倍。

（一）教育信息资源处理能力

教育信息资源处理能力是大英教师对教育信息和多媒体资源进行搜索、储存、应用和交流的能力，也是大英教师必须具备的初级信息技术能力。教师们可以凭借它对大英教学中最常用的现成文字、图片、音频和视频等信息资源和多媒体课件加以处理和利用，同时实现师生之间、同行之间的信息交流和资源共享。

信息资源搜索：在互联网发达、全球信息爆炸的今天，仅凭几本大学英语教材里的有限内容根本无法满足课程教学的基本需求。能否在有限时间里为学生提供最适合的教学素材，是大学英语教学是否成功的一大关键。要实现这一点，大英教师就需要在海量的信息中寻找符合教学要求的材料并加以利用。因此，大英教师首先必须掌握 Internet Explorer、火狐、360、QQ 等常用的网页浏览器及 UC 等手机浏览器的使用方法，了解一些必要的搜索技巧，并且善于利用百度、360、腾讯、谷歌等搜索引擎来收集符合自身需求的信息和资源。

信息资源储存：网络资源有即时性，也有暂时性。一方面，网络信息搜索结果并不固定，第一次搜索和第二次搜索到的信息会存在很大程度上的差异；另一方面，信息资源的存在并不是永久的，它们有一定的时效性，往往经过一段时间后会失效，从而导致无法获得。基于此，大英教师在搜索到了所需的信息资源后，必须对它们加以储存。这可以分成下载信息资源和存储信息资源两个方面。大英教师可以使用浏览器和迅雷、网络快车等专业软件及各种常用的媒体软件下载所需资源，并通过纸印刷、硬盘和U盘、移动硬盘等移动设备以及百度云、迅雷、腾讯等网盘对收集到的信息资源加以储存备用。

信息资源应用：能够收集和储存信息资源并非大英教师教育信息技术应用的最终目的。这些信息资源必须应用于教学科研，否则它们就毫无用处。大英教师应该能够运用 Microsoft Office、WPS Office 等常用办公软件和 ACD See、Adobe Photoshop 等图像处理软件对文本、图片进行最基本的编辑，同时使用 Windows Media Player、QQ 影音等音频、视频播放软件来播放各种音频和视频，以实现对教育信息资源的基本利用。

信息资源交流：作为教师，与同行的交流和学生的互动是其工作的重要组成部分。大英教师应该能够利用网络和常用的信息交流工具来实现同行、师生之间的相互交流、资源共享、辅助教学等。主要交流工具有电子邮件、BBS、腾讯 QQ 等。值得一提的是，随着智能手机的发展，手机上网成为无法遏制的潮流。因而 QQ、微信等手机即时通讯软件的使用也是大英教师所必须掌握的。

教育信息资源处理能力是大英教师所应具备的最基本的教育信息技术应用能力，只有具备它才能利用现有的教学资源和课件，胜任一般的课程教学。但是，在当前大英教学模式已经从计算机辅助教学以及网络架构的自主学习平台发展到信息技术与大英课程深度融合阶段的今天，仅仅能做到"拿来"，对现成的资源进行简单利用是不够的。而且这个过程缺乏必要的创造性，无法完全把大英教师自身的授课特点和学生的个性有效结合。

因此，在具备了这一基本能力以后，大英教师还必须有针对性地培养和提高教育信息课件制作能力。

（二）教育信息课件制作能力

教育信息课件制作能力指的是大英教师对教学素材进行加工，根据课程特点和学生水平制作个性化的多媒体课件的能力。英语教学素材丰富多彩，但是并不适合于所有的教学过程和所有学生。大英教师需要对它们加以选择，去芜存菁，并通过有效的手段对它们加以整合，以便应用于教学。因此，掌握常用的把文字、图片、声音、视频结合在一起的多媒体制作软件，制作独具个性的教学课件也是大英教师不可或缺的能力。在课件制作能力中，与大学英语课程密切相关的主要是演示课件制作和视频课件制作。

演示课件制作：在大学英语课程教学中，利用多媒体课室和多媒体课件来传递语言知识和文化背景知识是大英教师最常用的一种教学方法。因此，如何利用工具制作出色的演示课件，把文字、图片、音频和视频结合在一起，赋予学生多感官刺激以提高教学效果，正是大英教师的必备技能。大英教师应该能够利用 Microsoft Office PowerPoint 或 WPS 演示这些最常用的 PPT 制作软件，把各种教学资源融合在一起，制作独具特色的演示课件，传递语言和文化知识。

视频课件制作：自从进入信息时代，为了切合大学英语课程改革的需要，翻转课堂、微课、慕课等各种与互联网和多媒体密切相关的教学方法层出不穷。其共通点就是都要制作教学视频。这给大英教师的教育信息技术应用能力提出了更高的要求。大英教师应当能够利用电脑、麦克风、录音、摄像等多媒体设备，掌握 Microsoft Office PowerPoint、超级录屏、Camtasia Studio 和爱剪辑等音频、视频录制、加工软件，以便于制作视频课件，满足翻转课堂、微课、慕课等最近比较前沿的教学方式的需要。

教育信息课件制作能力是大英教师所应具备的中级教育信息技术应用能力。只有掌握了这种能力，大英教师才能真正充分地利用互联网和多媒体技术，把海量的知识与教学过程中的个性化紧密结合起来，成功实现大学英语课程的教学。

（三）教育信息平台综合应用能力

教育信息平台综合应用能力指的是大英教师能熟练地运用相关的网络信息平台来整合资源、发布信息、管理学习等的能力，也可以说是大英教师教育信息技术应用的高级能力。在政府大力提倡教育信息化的今天，我国各高校都花大力气、斥巨资建设网络基础设施，为多媒体教学提供便利。各出版社和研发机构也顺应这一市场需求，纷纷开发各具特色的网络学习平台供师生们使用。与此同时，随着智能手机功能的日益强大，还有越来越多基于移动端的英语学习软件和学习平台如雨后春笋般冒出来，并迅速占领市场。

大英教师应该既可以利用如批改网、FIF 云学习平台和各种英语网站或手机 APP 等公共英语学习平台来辅助学习，也可以利用出版社研发的与教材配套使用的网络教学管理平台来实现教学管理。更重要的是，他们还应该能根据本校学生的英语水平和实际需要，参与研发和建设符合需要的网络教学管理平台。

只有具备了教育信息平台综合应用能力，大英教师才能真正地把教学设计、课堂互动、练习辅导、作业反馈、学习评价等教学过程中互相关联的几大部分融合为一体，促进学生无时间和地点限制的移动式学习和主动式学习。

正如国家主席习近平在《致第四届世界互联网大会的贺信》中指出的："当前，以信息技术为代表的新一轮科技和产业革命正在萌发……要建设网络强国、数字中国、智慧社会、推动互联网、大数据、人工智能和实体经济深度融合……。"在互联网和信息技术进入了人类生活中的方方面面的大背景下，大英教师必须顺应潮流，有针对性地提高自身的教育信息技术应用能力。只有具备了教育信息资源处理能力、教育信息课件制作能力和教育信息平台综合应用能力，大学英教师才能真正胜任本职工作，并迎合大学英语教学改革的需要，提高教学水平和教学效率。

第四节 大学英语教师信息技术能力的培养及其教学应用

进入 21 世纪，信息技术得到飞速发展，不仅对人们的社会生活产生了巨大的影响，也改变了传统的教育方式。近年来，随着多媒体教室、语音室的兴建以及网络学习平台的推广使用，信息技术在大学英语教学中所发挥的作用越来越大，大学英语教师信息技术能力的不足对英语教学的影响也逐渐显露出来。因此，培养大学英语教师的信息技术能力对大学英语教学的发展及改革至关重要。

一、培养大学英语教师信息技术能力的必要性

（一）时代的需要

信息技术的飞速发展改变了传统的教育方式，而这种改变在大学教育，尤其是在大学英语教学中尤为明显，这主要是因为英语作为一种语言会随着社会和科技的快速发展而产生相应的变化。随着数字化校园的快速建设，大学英语教师的信息技术能力已不能满足当前大学英语教学的需要。一名优秀的大学英语教师也应该适应时代发展的需要，不断地学习现代信息技术，掌握现代化的教学手段，这既是培养高校人才的要求，也是现代化高等教育的要求，更是快速发展的信息时代对大学英语教师的要求。

（二）教师自身的需要

对于大学英语教师而言，培养和提高自身的信息技术能力也是其教学和科研的需要。在教学方面，目前的大学英语教学广泛使用多媒体教室、语音室或与教材配备的网络学习平台，这就要求教师必须熟练掌握基本的信息技术能力，如计算机的基本操作、办公软件的使用等，能够运用现代教学手段进行教学内容的准备并开展各种教学活动，如教学资料

的搜集与整理、课件的制作与讲解、作业的布置与批改、指导学生使用自学平台进行学习和自查等。

在完成教学任务的同时,大学英语教师还担负着一定的科研任务,这就要求他们具备一定的科研能力,而进行科研的前提就是对所要研究的课题进行广泛的文献搜集和阅读,了解该课题之前的研究方向及所取得的研究成果。这就要求教师能够熟练使用数字图书馆及各种文献网络平台,能够通过有效的搜索获取有用的文献信息,并运用各种软件对所获取的信息进行处理,还要使用分析软件对所获得的实验数据进行分析、处理,从而获得有效的研究成果。

(三)学生的需要

作为信息时代的受益人群,大学生对知识的需求不仅仅局限于课本上,特别是英语这一课程的独特性,使得英语教学不仅仅是单词和语法的讲解,还涉及英语国家的风俗、习惯、历史等背景知识的讲解。此外,传统的教学手段已不能满足大学生的学习需要,而现代教学手段的有效运用能够极大地提高学生学习的积极性、主动性和创造性,提高教学效果。这就要求大学英语教师必须能够熟练地运用信息技术,搜集相关知识并对其进行系统化整理,再运用多种现代教学手段对其进行讲解。

二、培养大学英语教师信息技术能力的有效途径

(一)增强意识,更新观念

要有效地培养和提高大学英语教师的信息技术能力,首先就需要提高他们对信息技术能力的认识,使他们认识到培养和提高自身信息技术能力对其教学和科研发展的重要性。只有认识到这一点,大学英语教师才会积极主动地学习和使用信息技术,更新自己的教育理念,在教学中合理地运用现代信息技术,实现与英语教学的完美结合。而信息意识的滞后,则会影响大学英语教师对信息技术的接受度,不利于他们在课程的准备和教学中使用信息技术,其固有的、传统的教学理念也会阻碍其信息技术能力的培养和提高。

(二)完善设施,加强培训

教师的信息意识提高后,就需要高校为他们提供可以施展信息技术能力的平台。因此高校应加大资金投入,完善自身的硬件和软件建设,为英语教学配备语言教育实训室、多媒体教室、语音室、口语室,强调提高现有设施的利用率,加强学校网络的建设,丰富校内网上资源,如校园数字化图书馆、精品课程的教学课件和视频等。

同时,高校应充分地利用这些资源,定期对教师进行相关的信息技能培训,如了解基本的信息技术理论和计算机知识,熟练掌握多媒体教室和语音室中教学设备的正确操作方法,能够熟练地使用网络工具对网上资源进行搜索,运用常见的办公软件或分析软件对其进行处理,制作教学课件或进行科学研究。高校也可以组织一些优秀多媒体课程的展示课,

开展多媒体课件的评比活动，并组织教师对一些优秀的多媒体课件进行观摩，甚至对那些信息技术能力卓越的教师进行一定的物质或精神奖励，从而提高教师在教学中运用信息技术的积极性，最终达到培养大学英语教师信息技术能力的目的。

（三）与教学实践相融合

通过培训，教师了解了相关信息技术知识，掌握了一定的信息技术能力，但还需要和课程教学进行整合，即在课程的教学过程中把信息技术、信息资源、信息方法与课程内容有机结合，完成既定的教学目标，达到预期的教学效果。大学英语教师的信息技术能力与教学实践的融合是一个缓慢的过程，要求教师在不断提高自身信息技术能力的同时，也要观察其在课程教学中的使用情况和使用效果。教师能够在教学中检验自身的信息技术能力水平，同时也能在教学中发现自身信息技术能力的不足，从而不断地提高自身的信息技术水平，最终实现信息技术与教学实践的完美融合。

三、大学英语教师信息技术能力在教学中的有效应用

信息技术在英语教学中的作用，不仅仅只是用计算机替代黑板，更多地是运用现代信息技术采取现代的教学手段开展多种教学活动，其中多媒体课件和网络学习平台最为典型。

（一）多媒体课件

多媒体课件在大学英语教学中的应用极为普遍，因此，对于大学英语教师来说，多媒体课件的制作和讲解直接影响着英语教学的效果。多媒体课件的制作不是简单地将教学内容制成课件，而是要将教学内容与信息技术相结合，根据教学内容的需要和学生的特点，通过加入适当的图片、音频、视频更加生动地展现教学内容，使教学内容更加丰富充实，或对原有的课程内容重新进行编排，理清思路，突出重点难点，使教学内容更加清楚明白。

多媒体课件的讲解也不仅仅只是多媒体课件的演示，更多的是希望通过这些演示激发学生的学习兴趣，充分地发挥学生的积极性、主动性和创造性。教师通过课件的演示引导学生对教学内容进行学习，学生也不再只是机械地看着投影屏幕，而是积极地参与到教学中，和教师针对所演示内容进行互动。教学不再只是教师的单纯讲解和学生的被动学习，而是师生之间的良性的交流沟通，由此所达到的教学效果也超过了原有的传统教学。

（二）网络学习平台

随着数字化校园的建设，网络课程和网络学习平台也逐渐在大学得到普及。大学英语教师可以充分地利用网络学习平台这一新的知识传播模式和学习方式组织教学，引导学生学习使用网络学习平台，从而促进学生的自主学习和个性化学习，也摆脱了传统的教学在时间和地点上的束缚。教师也可以通过跟进学生在学习平台上的学习进度、作业的完成情况等了解学生对学习内容的掌握程度，从而更有针对性地指导每个学生进行自主学习。

网络课程作为信息技术与教育结合的产物，实现了信息技术和教学的紧密结合，为学

生提供了丰富的学习资源。网络课程大多是由专家和名师讲解，大学英语教师，特别是年轻教师，可以通过学习他们的教学方法，完善自身在教学中的不足，并在网络课程的基础上对其进行再加工，形成具有自身特色的教学模式。而这些丰富的、优质的学习资源也为学生提供了更多的选择空间，满足了不同学生的学习需要。

随着信息技术在教学中的广泛应用，大学英语教师信息技术能力的培养显得尤为重要。教师要认识到信息技术能力在教学中的重要性，注重培养自身的信息技术能力及其在教学中的应用，从而实现信息技术与英语教学的完美结合，更好地提高自身的教学能力，以适应现代英语教学发展的需要。

第五节　大学英语教师信息技术与课程整合能力自主发展研究

一、大学英语教师的信息技术与课程整合能力

信息技术与大学英语课程的整合是将信息技术有效地融合于大学英语课程的教学过程，营造更为拟真的、更生动的信息化教学环境。在教学过程中，教师和学生能充分地利用丰富多样的信息资源进行自主学习、探究学习和合作学习，从根本上将传统的"以教师为中心"的课堂教学模式转变为"教师主导与学生主体相结合"的教学模式，体现学生的主体地位，充分调动和发挥学生学习大学英语的主动性、积极性、创造性，同时发挥大学英语教师在英语学习过程中的帮促作用，提高大学英语教学有效性。

信息技术与大学英语课程的整合可以充分地发挥多元化英语信息资源的优势，利用多媒体和网络创设更为真实的学习情境，为大学英语教学提供丰富的教学手段，拓宽大学英语课程设计的范围，使大学英语教学形式多样化，有利于实现大学英语教学的根本目的，有利于提高师生的信息素养、信息意识和信息能力，为有效实现协作学习提供良好的技术基础和环境支持。信息技术与大学英语课程的全面整合不仅带来了教学方式的改变，更引发了教学理念、教学资源、教师与学生在教学活动过程中的角色转变等一系列变化，同时也对大学英语教师的专业能力，尤其是信息技术与课程整合能力提出了更高的要求。教师信息技术与课程整合能力的高低直接影响着大学英语教学信息化的效果和质量。

信息技术与大学英语课程的整合是将多媒体网络技术融入大学英语课程，形成有机的整体。在信息技术与课程整合后的大学英语教学中，教师必须有能力在教学中有效地、系统地运用信息化教学理论来指导大学英语教学，为学生的大学英语学习创设良好的信息化环境，提供多样化的教学资源，并指导学生不断地探究更多的信息化学习资源。此外，还

应具备先进的教学理论、方法、技能与教学媒体有效结合的能力，借助计算机和网络为核心的信息技术，激发学生综合性学习动机，提高学生自主学习、合作学习的意识和能力，从而实现教学结构与教学模式的真正变革，达到提升学生语言综合运用能力和实践能力的目标。

但是，目前大学英语教师信息技术与课程整合能力的发展还不尽如人意。究其原因，主要有以下几点：第一，大学英语教师信息技术与课程整合能力的提升主要依靠接受培训这种方式，教师处于被动接受的状态，而且培训形式单一，针对性差，理念更新速度慢，内容缺乏系统性，导致教师缺乏学习内驱力。第二，大学英语教师主动发展意识薄弱。大学英语教师专业发展处于被动状态，许多教师认为，专业发展是行政管理部门的事情，未能认识到自主发展的重要性。第三，大学英语教师职业倦怠状态明显。大学英语教师通常承担着大量的教学工作，同时又有科研工作，工作压力长期得不到有效的控制和缓解，从而不同程度地产生了职业倦怠，这势必影响大学英语教学质量和水平的提升。因此，虽然大学英语信息化教学改革开展了很多年，但教师的专业发展没有得到应有的重视，教师主动加强理论修养的动力不足，大学英语教师信息技术与课程整合的能力还远远不能满足大学英语信息化教学的需求。

二、大学英语教师信息技术与课程整合能力的自主发展

（一）大学英语教师信息技术与课程整合能力自主发展的内涵

大学英语教师信息技术与课程整合能力的自主发展以大学英语教师自我发展需要为动力，是在信息化大学英语教学中不断学习、反思、更新教学理念、完善知识结构、提升教学水平的动态的发展过程。教育技术的改变带来了大学英语教学的变革，在此变革中教师的教学理念起着决定性的作用，而教师的信息技术与课程整合的能力是先进的教育理念能否运用于教学实践的关键因素之一。大学英语教学信息化已经引起教学理念、教学内容、教学方法等方面的深刻变革，要实现信息技术在大学英语教学中的合理有效运用，必须建立一支数量足够、质量合格、具有较高信息素养、能有效地将信息技术整合于大学英语课程的优质师资队伍。

（二）信息技术与课程整合能力自主发展的理论基础

终身教育理论。终身教育包括教育的各个方面及各种范围，包括从生命运动的开始到结束这段时间的不断发展，也包括在教育发展过程中的各个点与连续的各个阶段之间的有机的内在的联系，是贯穿人一生的、全面的、持续不断的教育过程。终身教育的思想提倡教育的终身性、全民性、主体性、多样性和灵活性。其中，终身性是指教育过程的终身性，这是终身教育的最大特征；全民性是指终身教育的对象包括所有人，当然也包括大学英语教师；主体性是指终身教育强调受教育者的自主性和能动性；多样性是指终身教育的形式、内容和方法的多样化；灵活性是指学习的时间、地点、模式、方法和内容等可以根据学习

者的需要和特征灵活调整。作为大学英语教师，在信息化教学的背景下，其自身的教育绝不应该仅仅局限于学生时代的学习，而应该是整个教育生涯必须从事的活动。随着教学理念、教学对象、教学方法以及教学目标等的不断改变，大学教师也要不断地提升自身专业水平以适应不断更新的教学环境。终身教育的理念冲击着我国现有的大学英语教师教育制度，推动着可持续教师发展制度的建立以及教师终身教育体系的完善，有力地推进着大学英语教师信息技术与课程整合意识的提高以及能力的自主发展。

建构主义学习理论。建构主义认为，世界是客观的，对于世界的理解和意义赋予是每个人以自己的经验为基础来发展的。建构主义的教学观认为，在学习者主动建构意义的过程中，学生是学习的主体，教师是学生意义建构的组织者、引导者和促进者，但这并不意味着忽视教师的作用。建构主义指导下的信息技术与大学英语课程的全面整合给教师的专业发展提出了更高的要求。教师不仅仅是传授知识，更要善于将先进的教学理念融入教学实践，为学生创设良好的学习环境，调动学生的学习积极性，激发学生的创造性思维，保证学生学习内容、学习活动和学习方法之间的平衡。同时，建构主义的学习观认为，学习者通过新旧知识之间反复的、双向的作用来形成和调整自己的认知结构，这种作用包括"同化"和"顺应"两个方面，是"同化"和"顺应"的统一。"同化"是学习者原有认知结构对外界信息的集合，充分体现知识的连续性和累积性；"顺应"是学习者在外界信息的作用下对原有知识结构的重组和改造，体现知识的发展性和创造性。对于大学英语教师来说，建构主义学习理论为他们信息技术与课程整合能力自主发展提供了最佳的理论基础。教师在原有知识结构的基础上对新知识进行主动的、自主的构建，教师之间也可以建立"学习共同体"，结合情景化的教学和社会实践，自主探究，相互协作，更好地完成知识的构建。

（三）大学英语教师信息技术与课程整合能力自主发展的目标

根据终身教育理论与建构主义学习理论，结合目前大学英语改革的现状以及大学英语教师的专业发展情况，笔者认为，大学英语教师的信息技术与课程整合能力自主发展的目标包括以下几点：一是信息工具使用能力。包括资料检索能力、网络通信工具的使用、信息处理能力等；二是信息获取能力。教师必须具备主动探究的意识，根据教学的需求利用信息技术去探索、收集、整理信息；三是信息处理能力。教师应该有对丰富的信息资源进行检索、筛选、鉴别和使用的能力；四是信息伦理道德修养。大学英语教师在具备相应的各项能力的同时，必须要遵循相关的伦理道德规范；五是信息创新能力。教师应该具备对众多信息进行归纳、综合、评价的能力，并在此基础上对已有的信息进行进一步的创新；六是合作学习意识。在信息化大学英语教学环境下，教师与教师之间应能通过网络进行协作学习；七是教师的主体性和参与性。主体性保证大学英语教师能自觉、积极、有预期地提升自己的知识结构与能力；参与性保证其自主性与社会、集体、学校以及学生的发展是和谐统一的。

三、大学英语教师信息技术与课程整合能力自主发展策略

（一）确立教师终身学习的理念

信息时代知识爆炸的特点促使学习终身化的发展趋势，信息时代所涌现的丰富的技术工具也为终身学习的实现提供了更多的保障，为学习者消除时间、地点的限制，创设更加真实的学习环境，提供更多学习方法和学习资源。在大学英语信息化教学改革的进程中，教师应当具备较强的终身学习意识，这是一种适合大学英语教师信息技术与课程整合能力自主发展的新的理念。该理念提倡大学英语教师主动地、终身地学习，倡导从多渠道、全方位来设计、建设教师专业发展环境，以便大学英语教师在需要的时候能够进行各种形式的学习，提高自身的信息意识和信息能力，从而发展其信息技术与课程整合能力。

（二）建构教师自主学习和协作研究的共同体平台

建构大学英语教师自主学习和协作研究的共同体平台，使教师在学习和探索的过程中获得实时帮助、资源共享、交互协作等一系列的保障，强调在学习共同体中利用群体的力量来激发大学英语教师专业发展的自主意识和能力，提高教师的自我反思能力，提高教师的专业发展水平，高效地推进教师信息技术与课程整合能力的自主发展。具体来讲，教师学习共同体平台的建设主要包括以下两个方面：一是建构适合大学英语教师信息技术与课程整合能力提升的网络共同体平台。在网络共同体平台的建设过程中，应充分地考虑教师现有的知识结构、学科背景信息素养、学习风格、教学现状、研究方向和学习需求等因素，形成不同种类的适合各个群体的共同体，以满足不同类型和层次的大学英语教师的信息技术与课程整合能力的发展需求；二是建立网络学习共同体的内部动力机制。多元化的网络资源以及开放共享的资源环境，必要的技术支持，生动有趣的活动设计，学习共同体成员间广泛且深入的交流与协作，及时系统地对学习目标、学习任务、学习方法和学习成果的反思活动的开展以及合理的评价和激励机制，都是增强大学英语教师在网络学习共同体中的学习动力的有效方法，从而达到有效提升大学英语教师信息技术与课程整合能力的目标。

（三）开展整合式的培训

大学英语教师是信息技术与课程整合能力发展的主体，教师必须有足够的自主发展意识和自主发展能力，只有这样，才能更加高效地提升其信息技术与大学英语课程的整合能力。然而，在强调提升教师自主发展意识的同时，也不能忽视外界环境的作用，如良好的校园氛围的营造、科学的教师发展管理机制的形成、教师职业发展中心的建立、有效的实践机会的提供等。另外，可以通过对教师专业发展的培训来激发其自主发展的愿望和能力，这种培训应该改变以往单一的以技术为中心的学习，无论是培训方式还是培训内容都要进一步丰富，从单纯的校内培训走向校内外结合的培训，从自主培训向合作培训发展，从技术的培训向整合技术与学科知识的培训发展，培养教师的探究能力，增强教师的创新意识

和创新能力，实现大学英语改革的可持续发展。

（四）加强教师专业发展制度建设

大学英语教师信息技术与课程整合能力的提升除了教师自主发展，还需要加强大学英语教师专业发展的制度建设。制度是大学英语教师专业发展的基础，没有制度保障就没有质量保障，更谈不上教师信息技术与课程整合能力的自主发展。教学研究制度、教师评价制度、教师选拔和聘任制度、考核制度、奖惩制度、培训制度等一系列制度在教师制度建设中处于重要的地位。大学英语教师专业发展的制度建设，一方面为教师信息技术与课程整合能力的自主发展提供支持和保障；另一方面也有利于教师信息技术与课程整合能力的自主发展意识的提升。

第七章　大数据时代高校英语教学

第一节　大数据时代下高校英语教学改革

现阶段人类社会迎来了大数据时代，教育大数据的到来给目前高校英语教学造成了很大的冲击和影响，与此同时也给高校的英语教学带来了一定的机遇，因此高校英语教学应该顺应时代的发展，积极探索改革路径。教师可就大数据时代高校英语教学改革进行探析，先介绍大数据时代的特点，阐述教育大数据对高校英语教学的影响，然后提出大数据时代高校英语教学改革的有效途径。

近年来，我国的信息技术在快速发展，互联网已经渗透到各行各业，人们的生活、学习和工作已经离不开互联网，而互联网、物联网以及社交网络的介入让数据的增长速度越来越快，大数据时代已经全面到来。在大数据时代下，人们的生活、文化和经济都受到了巨大的影响，充分地挖掘和利用大数据是当前人们关注的热点问题。教育行业也是一样，在大数据时代背景下，教育行业也面临着改革。

随着信息产业和互联网的不断发展，各种数据的增长速度越来越快，人们的生活被各种数据充斥，海量的数据被充分挖掘和利用以促进各行各业的发展，其构成了大数据时代的要素。在大数据时代背景下，人们的思维方式和生活方式都发生了巨大的转变。大数据时代表现出其独有的特征，其具有更大的数据容量、更多的数据种类，并且数据的生成速度更加快速，往往在一瞬间就生成了大量的数据。大数据时代的数据价值密度更加分散，正是由于数据太过庞大，而其中具有重要价值数据所占的比例比较小，数据价值密度更加分散，这使人们对有价值的大数据挖掘和利用的难度也增加了。除此之外，大数据时代下，大数据的呈现方式为可视化，人们可以通过直观的方式来观看和掌握大数据的变化。大数据时代的这些特征转变了人们的生活方式和思维方式。大数据时代的数据非常庞大和繁多，整体大于离散，海量数据总体的特性要比离散的特性更大，并且各种数据混杂，人们要想掌握事物总体的发展趋势，就要接受混杂的数据信息，而非一味地追求精确。大数据时代海量的数据在流通，人们更容易获取各种数据，这就为高校的英语教学提供了新的平台。在大数据时代背景下，高校应该正确使用这一平台来促进英语教学的改革。

一、教育大数据对高校英语教学的影响

教育大数据对高校的英语教学造成了强烈的冲击，成为高校英语教学改革的重要力量。从以往的高校英语教学来看，人们常常通过专家评判来判断一堂英语课的质量，从教师的课堂环节设计是否合理、各个环节之间的关联是否有逻辑性、教学活动的设计和教学目标是否契合、课堂上提出的问题是否有效等方面来评判一堂英语课是否成功。这种评判方式虽然看起来非常合理和科学，但是缺乏对学生上课体验和感受的重视，一般是专家结合自己的经验来对学生的体验进行假想，总的来说忽视了学生的情感体验，而学生才是课堂的主体。要真正了解学生的听课效果，还是需要采用可靠的数据和技术来进行分析和评判。教育大数据时代的到来就取代了专家的评课，其以实实在在的数据来对每一节课的质量进行分析，教师的每一堂课以及学生的听课都会生成相关的数据，而通过对这些数据的分析，就能够了解教师的授课水平，也能够把握学生的听课效果，了解学生对课程的喜欢程度。大数据让学生的听课感受得到显现和量化，能够更加清晰地分析学生的课堂需求和对课程的学习态度，然后从学生的实际需求出发来对教学方式进行改革和创新，以取得更有效的教学效果。

二、大数据时代高校英语教学的改革途径

（一）将课上数据和课下数据融合来革新教学理念

大数据时代要想对高校的英语教学进行改革，首要的任务就是将课上的数据和课下的数据有效地融合来对英语教学的教学理念和教学思维进行革新。现阶段大数据充斥着整个教育领域，课堂上教师的行为、语言以及学生的动态行为等都可以转化为数据，而这些数据都可以利用起来，为教学改革提供参考。但是仅仅依靠课堂上学生的行为和语言往往难以准确全面地分析学生的成绩以及对英语课程的态度，除此之外还要充分地利用课下数据，加强对学生日常活动提供数据的分析。例如，可以搜集学生访问网络的数据分布来分析学生在线学习的行为，包括学生在课后是否会访问英语相关的学习网站、一般访问哪种类型的学习网站、在学习网站上停留的时间等，进行秒级采集，并对相关的数据进行分析，同时实现课堂上以及课后数据的采集分析，对学生进行多角度和多层面的评估，以此来帮助教师更全面、准确地了解学生的喜好，把握学生的英语学习态度、英语学习兴趣以及英语学习风格等，为课堂教学活动的设计提供重要参考。

（二）实现教学资源的立体多元化转变

在传统的高校英语教学中，课堂教学内容主要以教材上的资源为主，教学资源比较单一，并且非常有限，英语教学倾向于各种机械训练，教师不注重学习资源输入的多样化。在这种教学模式下，学生的学习效果往往难以得到有效提升，学生的学习主动性受到打击，

并且英语应用能力也难以得到显著提升。而在大数据时代背景下，教师可以充分地利用网络上的各种数据和资源来丰富英语学习资源，使学生的英语学习资源多样化，拓展学生的视野，让学生多学习课本以外的知识，还能够有效地激发学生的英语学习积极性，培养学生良好的英语学习兴趣。大数据时代，教师可以将大数据库中的影音、数据、图像等学习资源灵活巧妙地融入英语教学中，通过多样化的学习资源呈现方式来吸引学生的注意，激发学生的兴趣。总之，大数据时代让高校英语的教学资源更加丰富，学生不仅能够从教材中学习到固定的资源，同时还能够利用互联网学习更多的英语国家本土文化，并且可以通过视频、音频、图片等多种方式获取资源，促进高校英语教学和社会的有效结合，以此来拓展学生的学习手段。

（三）实现多种教学模式的应用

在以往的高校英语教学中，教师一般采用传统教学模式来开展英语教学，教师在讲台上讲解相关的知识，学生在座位上听讲，这种教学模式存在着多种弊端。而大数据时代背景下出现了各种新的教学模式，包括翻转课堂、微课和慕课等，教师可以灵活地将多种教学模式应用到英语教学中，以此来改革英语教学模式，营造现代化的高校英语教学课堂。翻转课堂、微课和慕课是大数据变革教育的重要体现，这些教学平台可以通过海量的数据将学生集合在一个课堂上，促进师生之间以及学生之间的有效互动，同时也能够实现学生和机器人的互动。在大数据时代，高校英语教师应充分地利用各种高效的技术手段和多种教学平台。从实际情况来看，使用大数据来支持多媒体教学的英语教学已经占据很大的比例，而充分地利用大数据来开展英语教学能够吸引学生的注意、激发学生的兴趣，让学生对更具有活力和更新鲜的大数据支持下的教学模式保持高涨的热情，这也是高校英语教学的重点内容。

高校英语教师应该学会利用各种教学工具和模式为自己的英语教学提供帮助。高校英语教学的目标只有一个，那就是要帮助学生熟练地掌握英语这门语言。而要实现这个目标，教师必须要利用一切可以利用的资源和教学工具，法无定法，目的只有一个，就是教会学生真正的英语本领。世界上最高的学问不是学问本身，而是使用学问的学问。教师要让学生充分地认识到英语是一门实用性比较强的语言，必须在现实中经常使用，才能真正掌握这门语言。

（四）整合数据实现个性化教育

大数据时代，高校英语教师还可以整合相关大数据来实现对学生的个性化教育。在大数据背景下的英语教学中，人们对每一个学生不再采用平均的标准来衡量，教师也不能简单地应用平均水准来教学，而是应该关注个体，实现教学个性化。现有的高校英语教学中是以一个班级为单位来进行教学的，个体需要服从群体习惯采用平均数来教学。而大数据能够帮助教师了解学生更多、更准确的细节，将每一个学生的学习轨迹都记录下来，加强对每一个学生学习行为的分析，从而预测学生的学习难点，并针对个体提出对应的解决方案，这样就能够实现每一个学生的个性化学习，真正做到因材施教，以确保每一个学生都能够得到提升和进步。

每个学生都具备自己独特的地方，高校英语教师应该充分地发挥他们的特长。以前由于技术的限制，高校英语教师不能很好地实施自己的个性化教育和教学。大数据时代下，教师完全可以利用大数据的优势，发掘每一位学生的优势和不足，根据每一位学生的具体情况制定相应的个性化档案，确保每一位学生都能在自己原有的基础上取得属于自己的进步，而不是在课堂上浪费自己的时间，学习自己已经掌握的英语知识，那样的学习是没有效率可言的。

现阶段，人类社会已经迎来了大数据时代，教育大数据对高校英语教学带来了重大的影响，给高校英语教学改革提供了重要的途径。在大数据时代，应该充分地挖掘并利用大数据，将课上数据和课下数据融合来革新教学理念，并实现教学资源的立体多元化转变，不断地丰富英语教学资源，将慕课、翻转课堂以及微课等基于大数据支持的教学模式灵活应用到英语教学中，丰富教学模式和教学手段，提高教学质量。除此之外，还可以整合各种数据来实现对学生的个性化教育，真正做到因材施教。

第二节　大数据高校英语翻转课堂教学模式

大数据时代下信息技术迅猛发展，颠覆了传统的教学模式。通过互联网与精确化数据，课程改革与新技术不断寻求整合，产生了较好的教学效果。作为一种新兴的教学模式，大学英语翻转课堂教学具有独特的优势，同时运用过程中也表现出一些问题。本节基于大数据视角，阐述了大学英语翻转课堂的模式及特征，融入高校英语教学的优缺点，以及线上网络学习资源现状和大学英语教师角色转变的问题，最后从学生、学校和教师三个角度探究和优化高校英语翻转课堂教学质量的对策与建议。

随着互联网的普及，智能化、数字化技术与教育领域深度融合，翻转课堂教学模式应运而生。作为一种新型的授课模式，在大学课堂教学中的应用广泛。传统高校英语教学存在着不同程度的通病，导致学生学习积极性下降，往往费时低效，教学质量始终参差不齐，教学效果难以有重大进展和突破。在大数据时代背景下，翻转课堂符合时代特征和要求，教学资源更加丰富，分享机制日趋健全，尤其是在学校的大力支持下以及成熟网络技术条件的保障下，能够充分地赋予学生的学习自主权和探究权，凸显双向性、民主性和交流性，带来全新的教学体验，实现知识的全面内化。

一、大数据背景下高校英语教师转变角色的必要性

现阶段高校英语教师的教学定位。目前，大多数高校英语教师拥有课堂的绝对主导权，

以教师直接讲授为主，学生处于被动的地位。教师作为教材的跟从者和演示者，英语教学模式单一，网络技术应用不纯熟，按部就班地讲解课本，很少会为学生补充感兴趣的内容。教师是课堂的主讲人，久而久之成为知识的传输者和讲解者，学生在单调的语言环境下，难以身临其境地进入自己思考的空间，对待差异化学情也无法实现量体裁衣。在课堂活动的组织过程中，甚至还在延续板书、录音机和幻灯片等有限的固化模式，不仅缺乏氛围，还会让学生产生抵触情绪，记忆和学习效果自然差强人意。而在作业本和试卷的评价环节当中，传统发布指令者的方式，规划性和效率都难以保证。

翻转课堂下教师转变角色定位的紧迫性。由于高校英语教师教学定位存在诸多不足，导致教师的主体性过强，主要体现在专业知识和系统教育的灌输，学生个性化创造力的开发教育受到制约，统一模式的推进无法做到因材施教。同时教师偏重知识传授，程序性知识相对较少，创新意识与时代发展日渐脱离。此外评价标准单一，依然延续应试教育的约束，导致学生实践能力严重不足。尤其是对新技术应用缺乏深度认知，新型教学模式不够普及，使得教育的定义被锁定，教学活动的开展没有考虑学生的需求以及就业问题。

二、大学英语翻转课堂模式

翻转课堂的内涵及特点。众多学者对翻转课堂的诠释并不统一，主要来源于表达方式和界定角度的不同，但实质上来讲，翻转课堂的内涵以及实施过程却趋于一致。一方面，学习知识到内化知识的流程依然是主旋律，无论如何创新，翻转的是结构而不是流程。在师生角色的转化过程中，教师向引导者身份转变，而学生的主体地位得到了很好的诠释，积极主动的学习成为常态，师生课堂交流、互动进一步深化。翻转课堂与微课等网络教育模式不同，学生吸收知识依然需要课堂交流互动得以保障。

翻转课堂颠覆了传统教学模式，重新规划了课堂内外的时间。首先遵循以学生为中心的原则，对学生基础情况进行摸查，制作开发和选择相应教学资源，学生通过课前自主学习的方式，开展交互式学习机制，形成个性化学习氛围，以网络信息平台为基础，依托课堂展示学习成果，有效地利用现代信息技术的价值和优势辅助学生完成知识内化。师生角色和职能的转变，对于培养学生自主学习能力极为有利，不仅符合语言教学的趋势和实际需求，而且学生的积极性将会大大增加。

翻转课堂教学流程。翻转课堂教学模式的共性在于可以按照时间维度和空间维度进行划分，其中前者包括课前和课中或课下和课上，而后者则覆盖网络自学或面授方式。在颠覆传统的课堂教学氛围下，学生事先借助网络平台或移动终端的智能学习工具进行自主化学习，之后在课堂上教师根据学生集中出现的问题组织合理的教学方式开展协作化教学，同时兼顾答疑和成果展示，最后完成后续跟进的评价和反馈。其中学生自主学习的重要性不言而喻，需要学生具有很强的自律性，当然教学资源要能够引起学生的兴趣和共鸣，充分考虑学生的需求，将学生作为整个课堂的中心。

三、翻转课堂教学应用于高校英语教学的机遇与挑战

优势分析。翻转课堂教学模式的知识呈现方式更加新颖，利用微视频、微课件结合新知识资源，不仅更加灵活和个性化，而且精选或精心制作的课件可以有效地激发学生的学习兴趣，而且教师重复教学负担得到了有效缓解；由于教学以学生为中心，因此形成了协作式课堂学习活动的新机制，潜移默化地提升了学生实践与创新能力，提供了更加充裕的个性化学习创造力条件；基于翻转课堂教学模式的教学特点分析，知识的传授主要在课前实施，在相对自由的学习环境之下，既可以满足学生的个性化的学习体验，还可以助力大学生自我调控能力的生成，而且可以同步咨询求助或搜索问题的难点。此外大学英语教师综合素质较高，信息技术应用能力也是出类拔萃，拥有良好的互联网信息技术、网络教学资源开发以及快速地接受新兴事物的能力。

劣势分析。翻转课堂在我国高校应用和推广时间并不长，尤其是在英语教学当中大范围应用并未取得广泛的实践经验成果。这一方面源自教学视频选择与制作具有不同程度的难点，需要高成本的支撑。而且本身授课对象就是大学生群体，翻转课堂内容及制作与教学的相关性较小、简单的教学视频学生不认可，高质量具有特色、实效的系统教学视频又要花费较长的时间和精力，需要团队协作支持。另一方面，翻转课堂教学模式与高校的英语教学的兼容性依然有待于进一步的研究和总结。英语学科属于文科类，考虑本学科知识的系统性与结构性，微视频的制作与其他理科类课程相比还存在一定的差距，如何设定翻转课堂的比重以及制作何种类型的微视频，都需要在借鉴过程中遵循本身的特点，不断地尝试和改进。

机遇与挑战。高等教育信息化是社会发展的必然趋势，而且一系列相关教育政策法规的出台，也表明了国家对教育领域应用互联网技术的重视和决心。解读了《教育信息化十年发展规划》以及《国家中长期教育改革和发展规划纲要》可以得知，翻转课堂教学模式将会成为今后教学的主流应用形态。此外慕课教学兴起，以及大型开放式网络课程的深入人心，不仅可以分享其中海量的微视频和微课件，还可以随时随地进行自主式探究学习。

然而受传统根深蒂固教育观念的制约，翻转课堂开展并不是一帆风顺的。其中不仅仅是教师难以在短期内改变自身的角色定位，而且学生也不会完全适应离开教师主导的自主性学习方式。颠覆式的教学模式对大学生自主学习与调控能力提出了考验，面对无人监督以及互联网的种种诱惑因素，学习效率难以保证。此外，快速发展的大型开放式网络课程以及学习时间重新分配都是潜在的影响学习效果的因素。

四、基于大数据视角的高校英语翻转课堂教学模式探究与建议

在大数据时代下，赋予了翻转课堂线上教学新的生机，将其与传统课堂教学相结合，不仅能够集中采取针对性的交流和指导措施，还为学生创设了更多灵活自由的学习空间。

随着高校英语教学改革的深入推进，翻转课堂教学将会得到更为优化的应用。根据大学英语翻转课堂教学的不同影响因素划分，从以下三个角度探究二者融合的最佳出路：

学生层面。大学生应该明确自身主体角色，全力配合教师的教学行为。本着对自己负责任的态度，培养自我调控能力，积极主动地参与课前的各种活动。在小组作业和讨论过程中，根据自己的实际情况，在自主学习知识内化阶段，把握节奏完成知识内化阶段的转化。在大学英语翻转课堂教学中，学生要树立主体意识，提升课堂参与度进行自我知识建构，形成自主性知识探究动机与热情。如果遇到问题，要及时大胆地向教师提出，不断地汲取和建构积极的学习体验。在线上教学中，大学生还要及时督促和管控自我，应明确学习目标，培养良好的意志力，设计和执行科学合理的学习计划。加强小组沟通与协作，拓展和延伸混合式教学模式，营造团结、互助和友爱的协作式学习氛围。

学校层面。高校要为大学英语翻转课堂教学提供坚强的后盾，提供大量设备精良的现代化教学设备，同时引入多元化的资源平台，加强校园网络的流畅性。一方面，要特别注重重塑教育观念，打破传统教育观念的束缚，从学校指导层面引导教师更新教育观念，采取丰富多样的协作式课堂完善线上教学平台。由于目前高校英语翻转课堂教学还处于起步阶段，很多平台还需要进一步地开发和完善，为此要提升功能的可操作性和易用性，采取多种途径加强平台建设投资，完善平台的功能。另一方面，确保快速且顺畅的网络功能，为学生增加互联网接入口的数量，继续提高校园网络宽带网速，为开展线上网络教学提供保障服务。

教师层面。高校英语教师要在提升自身现代教育技术能力的基础上，加强对学生课前学习的掌控力度，在课前环节确保学生能够取得良好的学习效果。众所周知，课前学习效果对于英语翻转课堂具有不可替代的作用，为了保证课堂教学的有效性，需要列出课前任务单，督促学生对照评分标准及时完成。在参与混合式学习过程中，教师应该针对学生的心理投入、努力倾向，实施个性化的线下教学。在视频和课件制作环节，要根据学生现有的发展水平，设计科学合理的提问和任务布置，把握好题目的难易程度，使学生可以获得积极的自我效能感。与此同时，教师要继续提升现代教育技术能力，做好教学评价方式的完善工作，利用 QQ、微信等社交工具对学生情感、态度进行鼓励性评价，和谐的师生关系有助于取得更好的教学效果。

总之，随着大数据时代的到来，高等教育信息化已成为必然趋势。高校英语课程教学应该与时俱进，积极引入翻转课堂教学模式，明确自身主体角色，调整线上资源分值比重，完善网络学习硬件设备设置和课堂评价机制，增加与考试有关的练习题，激发学生参与课堂的积极性，有效监督指导学生进行自主学习，提升课堂学习支持工具软件功能。教师则应找准定位，提高翻转课堂教学驾驭和掌控能力，重视以人为本的理念，尊重学生的个性和认知，综合考虑各方面的因素，形成具有感染力、凝聚力的教学机制，避免课堂模式流于形式，强化线下课堂师生互动效果，有效弥补传统教学模式的不足，提高课堂教学效率与质量。

第三节　大数据高校英语空间教学行为优化

在以网络空间教学平台为媒介的数字化教学中，教育技术不应成为实施数字化教学的壁垒，而应该为教师数字化教学和学习者个性化学习提供良好适宜的环境。教师的教学行为，体现在教学资源的优化、教学过程的实施、教学处方的开设等方面。教学行为的优劣决定了差异化教学效果的好坏。教师的教学行为对英语学习者的学习行为、记忆行为、表达行为产生显著影响；学习者学习行为不断优化，使其个性化学习成为可能；师生交互行为能更好地促进教师教学行为和学习者学习行为的优化，从而实现教师教学效果和学习者学习效果的提升。

随着网络教学的进一步运用，网络教学已经经历了"以技术为主的单向传递"1.0时代、"以教学论为主导的双向互动"2.0时代、"网络教学论为主导的全方位"3.0时代。随着大数据技术在教育领域的发展，网络教学即将进入"以数据分析为主导的立体化"4.0时代。在以数据分析、教学运用、"教学处方"开设等为载体的教学行为、学习行为、教学管理行为方面将发生各种变化。

一、教师教学行为：差异化教学的前提

英国学者维克托·迈尔舍恩伯格在《大数据时代》一书中指出："大数据是人们在大规模数据的基础上可以做到的事情，而这些事情在小规模数据的基础上是无法完成的。教师利用大数据分析结果，可以根据学生的个性化需求定制教学内容和进度，帮助教师找寻最高效的教学方式。具体落实在英语教学上，教师的教学行为包括教师的观测行为、设计行为、分析行为和评价行为。

（一）观测行为：相关关系的发现

教师进行教学反思时，总是试图寻找学生英语学习没有取得进步的"原因"，这种反思往往关注的是事物个体特征，而大数据分析往往看到的是事物之间的相关关系。教师对学习者行为的"观测"，并非在于关注"怎样学得最好"，而应关注具体的学生的行为，以及这种学习行为与学习效果之间的关系。教师根据学习者的各种学习行为特征将学生进行聚类，并根据不同类别的学生，跟踪他们在网络学习空间的行为，观测他们学习不同资源和具体知识点的顺序和效果，利用资源的时间点、访问资源的频次、学习的集中时间段、学习者语音或词汇出错频次等数据来找寻学习行为与个性化学习效果之间的相关性，得出一些关联规则，并对学习者行为进行概率预测与分析。通过对实验班级学生大学英语课程学习行为的关注，我们发现：英语学习者学习英语的有效程度与学习者的母语程度存在相关性；女大学生在英语学习中表现得更出色。如果教师在教学实践中更多关注这些特点，

根据不同学生学习特点来上传不同学习资源，分配不同学习任务，学生才能根据自身学习情况选择合适资源进行有效学习。教师在教学中需要及时地"观测"学生在课堂内外的表现，抓住学生的有效学习时间，并积极鼓励学生参与教学活动，根据学生的反馈程度进行教学设计的调整与教学方式的改变。教师只有从日常教学实践中不断观测—反思—实践，才能实现自身专业成长，帮助学生不断地提升自主学习能力。

（二）设计行为：实施教学的核心

教学设计行为是教学理念的综合体现，是教师教学方法调整、教学反馈执行与课堂教学管理改变的集中体现，是实施有效教学的核心要素。何时上传何种教学资源，课堂教学如何展现，作业布置形式等都需要教师进行精心设计。目前使用网络学习空间开展教学的部分教师还停留在海量数字资源上传的"初级阶段"，教师个人空间存在"僵尸资源"，空间运用存在资源堆积、课程设计缺乏等问题。而通过大数据分析，可以发现哪些资源没有被启用，哪些资源被学生访问的频次高，便于为教师后续资源推送提供参考。

在教师教学实施中资源被运用的频率、教师"诊断"学生语音、场景会话中存在的"学习盲点"并开展有针对性的教学活动状况、教师批改作业的频次与及时性等状态数据在教学空间中留下的"轨迹"，是教学管理者对教师评价的重要参考依据。教师通过平台和后台数据可以观测学习者的学习状态，从而为不同学生推送个性化学习资源、开设有针对性的学习处方。教师可以根据学生出错频次进行教学设计的改变，教师对空间的设计能力直接影响教学实施的效果。教师对学生网络学习空间资源的数据信息的整合和分析，了解学生个性化成长轨迹，为后续资源建设以及教学设计提供有针对性的建议。

（三）分析行为：预测规律的基础

一个人在看待整个世界以及世界中的所有事物时，要从物质事物转向交互作用，并把它看作一个收集和分析数据的平台。教师只有运用大数据思维来尽其所能测量、检测学生的学习行为，才能更好地发现学生做什么才最为有效。教师只有成为学生成长过程的合作伙伴，找到学生与学习行为之间的连接点，才能更好地为学生推送有价值的学习资源。教师根据学生在课堂教学中的表现，并利用空间动态化数据分析教学实施和教学处方开设过程的可能性规律，能为如何为不同学生推送个性化学习资源、开设有针对性的学习处方提供参考。在实验班教学中，我们发现教师上传学习资源的时间影响资源被启用程度。通过对这一现象的分析，发现学生学习时间与教师空余时间的不一致导致教师上传的资源没有被及时启用。教师需要通过对这些显性数据的分析来发现学习者的学习动机，并对这些现象进行归因分析，以找寻更有效的学习方式。

（四）评价行为：实施反馈的前提

空间学习活动"观看视频"时长、在线测试情况、参与互动频次等留下的学习行为痕迹是教师对学生学习过程评价的重要依据。教师对学生学习行为表现进行合理、客观评价是引导学生课堂教学活动有序开展和自主学习的重要条件。网络空间学习的评价不仅关注学生学习参与程度、专注程度，更关注学生在交互活动中参与的频次与效果。教师教学评价的结果及效果与评价标准的合理性和评价执行过程的客观性相关，评价过程不合理势必影响评价的结果。尤其是小组协作完成作业时，如何界定小组成员合作的程度，如何根据小组成员的不同表现进行评价会直接影响小组协作的积极性与有效性。通过网络学习空间实施的评价更能做到"用数据说话"，教师教学评价与学习效果呈正相关关系，起引导、激励、监督作用。研究表明，评价结果的使用也会直接对教师的课堂教学行为产生积极或者消极的影响。

二、学习者学习行为：个性化学习的体现

不同类型的学习者学习不同资源和知识点的顺序和效果不同，通过观察学习者在空间留下的"痕迹"，可以分析出学习掌握利用资源的时间点、访问资源的频次、学习的集中时间段、学习者语音或词汇出错频次等，进而通过这些数据可以了解学生个性化的成长轨迹，为教师后续资源建设以及教学设计提供建议。

（一）聆听行为

与传统教学模式相比，网络空间教学能实现全面记录、跟踪不同类型学习者的不同学习需求与听力训练的情况。教师可以根据学生的已有学习基础和在空间学习行为，了解学生动态化的学习轨迹。通过可视化的数据分析，教师可以得知学习者听力训练中匹配的答题情况及答题过程，从而有助于教师在以后教学设计中进行针对性的强化训练。课堂听力教学，学生与教师之间的互动关系为听力材料播放——听力材料理解——听力练习答案核对，不同层次学生听力水平与听力需求差异较大，却无法得到个性化匹配。利用大数据与自然语言算法将搜索数据与个性化需求相匹配，基于大数据的个性化自适应在线学习分析模型及实现，从而能够发现原本隐藏的学习行为信息，教师通过这些行为的相关数据实施预测或干预，用于教学评价与反馈，能有利于学习者听力水平的提高。

（二）阅读行为

在空间阅读教学设计中，"课前学习—解决问题—课堂互动—课后作业与检测"一系列的教学行为活动形成了"催生疑问—解决疑问—应用知识"的学习过程链。大数据分析通过学生完成阅读任务的先后顺序来判断学习者对文本材料的理解程度，也可以对学生阅读理解思维进行"跟踪记录"，发现学生阅读习惯。在课堂教学中，教师需要对学生的阅读状态进行关注，观测学生注意力是否集中，阅读理解的目标是否达成，课堂教学中的阅读任务完成与空间阅读作业完成状态是否匹配。学生获取阅读材料的主动性不高，而更愿意阅读教师上传的阅读资料且学生更愿意阅读与应试相关的材料。大多数非英语专业学生并没有坚持每天阅读的习惯，通过"打卡式"阅读学习任务单的形式更能帮助学生建立良好的阅读习惯。教师可以通过大数据分析结果，找到学生阅读中的"共性问题"，并进行及时反馈。

（三）记忆行为

对于英语学习者而言，词汇的记忆成为影响听力、阅读、写作的"障碍"，据研究发现，教师的基本语言知识与阅读教学能力相关，其中最突出的表现为：教师的词素意识最能预测其教学能力。英语学习与其他学科的学习一样，不仅需要投入学习的时间，更需要投入的不断反复。教师在教学中运用信息化技术手段能有效激发学生兴趣，激励学生积极参与小组活动讨论，通过组间竞赛、小组截图贴图、小组展示、教师点拨等环节的活动，构建多层次间的反复互动，强化学生知识运用，帮助深化其记忆行为。大数据时代，通过网络学习平台学生可以轻松地获取常用词汇在大学英语四、六级考试中的出现频次，一些学习软件还提供了词汇在句子中如何运用的小视频。在实践教学中发现：教师对词语使用频率做了统计，并详细汇报了词语使用频次，数据的词汇学生掌握得更牢固；教师提供了词汇学习小视频的词汇，学生学习兴趣更浓厚。因此，在教学中教师可以充分地利用这些数据，分析出学生感兴趣的学习内容和最有效的学习方式，在教学设计时，尽可能地利用大数据技术，丰富大学英语课堂教学技巧，为学生营造良好的学习氛围，以提高学生大学英语学习的兴趣。

（四）表达行为

教师最大的教学智慧不在于展示自我表达能力，而在于唤醒学生运用语言知识进行自我表达的欲望。英语口语表达能力的提高很大程度上依赖于学生课后自主学习的时长和效率。据研究发现，学生自主性学习的频率较低，且学生在认知与情感方面的自主性较高，而行为自主性最为欠缺，且学生之间的行为自主性情况的差别也最大。学生英语口语表达能力的提升需要在课堂教学中进一步强化，教师应更多关注学生在课堂教学中的参与状态：是否小组成员全员参与讨论，小组汇报是否成员间轮流进行，在小组汇报效果怎样，各小组表达中存在的个性与共性问题。在实践教学中发现：小组活动中，经常进行展示汇报，积极进行质疑，主动发起讨论的学生口语表达能力提高程度显著。口语表达能力强的学生更愿意积极主动地对小组成员或对其他小组表现进行评价，且其评价相对更客观。积极参与留言讨论并及时地完成空间学习任务的学生书面表达能力更强。因此，教师应通过平台及时收集学生常见书写表达问题，对这些"学习证据"分析归类后，在写作教学中进行反馈与强化。

三、师生交互行为：教学效果的彰显

学习者与教师的互动行为体现在他们参与空间互动栏目的程度、参与互动交流的时间点和频次等方面。通过对教师教学轨迹、学生学习轨迹、学生空间测试数据、学生活跃度、阅读量数据、听力训练数据等之间关联规则的分析，能发现教学过程中师生互动行为与学习者学习效果之间的相关性，从而帮助教师了解师生交流的最有效途径与时间段，为教学效果的提升提供参考。

（一）师生互动

正如世界著名教育家、哲学家弗莱雷所言："真正的教育不是通过'A'for'B'也不是通过'A'about'B'，而是通过'A'with'B'"，师生互动是语言类教学的基本范式。空间教学使得师生互动更加便利，不受班级规模的影响，能根据学生个体实施互动交流。空间教学实现了课堂内外的"翻转"，其基本目的是满足学生个性化的学习需求，让学生得到个性化的教育，理想的翻转课堂实施的是真正的差异化教学。大数据则能通过对师生互动交流的时间段，交流频次的结果分析，发现不同类型学生自主学习规律，发现学生自主学习进度，更有助于总结基于个体的交流方式。研究表明，在教学活动中构建愉悦的课堂氛围，能提升学生与课程、学生与教师之间的情感联系，实现良好的教学效果。新时代大学生在"面对面"课堂会由于羞于表达，再加上班级人数限制等问题，师生互动受限，而空间在线交流能突破时空的限制，最大限度地调节学生的学习投入，增加学生表达与师生互动的机会。教师可以根据学生在空间平台互动"学习轨迹"和课堂教学中师生交往状态的大数据分析结果，找到学生自主学习和互动交流的规律，选择更合适的交流时间段，调控共同探讨交流的机会，这样能更大地提高师生互动交流的效率。在情景学习中和协作学习活动中，师生互动效果更好。师生互动程度高的班级，学生进步程度更显著。与教师互动频次多，小组活动中展示频次多的学生进度幅度更大。当师生互动停留在简单的"提问"与"答问"阶段时，学生思维含量低，学生进步空间较小。通过对大学英语课堂观察发现：师生间"讨论式互动"比"提问式"更能激发学生兴趣；课前有空间互动为基础的班级在课堂讨论中学生更能积极参与；教师"开放型"提问比"封闭性"提问更能引导学生积极思考。师生互动应集中于对"线下课堂"中出现的关键问题，并构建深入讨论的情境，开展师生之间的多向互动，才能达成实现有效互动。

（二）生生互动

空间教学的开放性和互动性，使得生生之间的交流时间和空间更加灵活，课堂教学活动得以延伸，使学生在课堂上就没有理解的内容进行深入交流。在课堂教学中，学生与教师的互动积极性较差，他们更愿意选择"线上"交流方式。空间教学平台为生生互动提供便利，为那些遇到问题不愿意主动求助于教师的同学提供更多交流机会。可以说，空间教学使"你问我答，有问必答"成为可能，真正意义上的个性化教学、异步教学在空间教学平台得以彰显。通过对"留言板"和"讨论区"中的自动文本进行分析，根据其关键词的出现次数来确定学习者类别。教师可以根据大数据分析结果，提炼教学重点和难点，在课堂教学中进一步强化。通过实验班教学实践发现：由学生主导的提问，学生间讨论较为热烈，参与积极程度较高。在"作业布置"环节中，生生讨论程度高的问题是学生感兴趣的话题或者教学中的重点与难点问题。同伴之间的交往程度高，学生的学习进度程度更高。在网络空间教学这个大系统中，同伴——教师——学习资源各要素需要相互协作，才能发挥其最大效能。

（三）师师互动

大数据下的"合作性"学习可以是"师生"组合，"生生"组合，甚至可以是"师师"组合。教师通过网络学习空间可以共享"云资源库"的教学资源，并通过"教研苑""我的教研室"进行教学问题研讨。教师间的互动除了如教学经验分享、情感交流等"显性"互动交流外，还包括教学理念、教学方式的相互影响等"隐性"互动。教师通过"师师"互动能强化教学反思，帮助教师构建自己的教学观，形成个人教学风格。"师师"个体互动受"群体互动"环境的影响，能促进个体专业发展和群体凝聚力。网络空间学习平台为教师间的"师师"互动突破了过去面对面教研室讨论的局限，可以跨院校间研讨交流。"师师"互动的优化是教师自律文化形成的关键，是教师构建"专业学习共同体"的必然趋势，是教师专业成长和教学风格形成的一种"存在方式"。目前网络空间平台中"师师"间互动需要突破"日常"教师间"显性互动"，而需要构建教师互动共同体，教师间开展更深入的关于教学理念的变化、情感态度的体验等"隐性互动"。教师间的行为互动逐步转化为心灵的互动，从而达成教师间的理性交往。网络空间互动能使两人间的互动转化为多人互动，引发更多人的思考、质疑、碰撞，呈现多角度的交互性。大数据时代的教学设计可以集教师集体智慧实行"众筹教学"，让教师间的教学设计—教学过程—教学反思—教学反馈在不断地交流与碰撞中得以最大程度优化。

四、高校英语网络空间教学行为优化策略

教师通过对学生的多维信息坐标体系的观测，实现"教学资源的精准匹配—个性化教学设计—差异化教学处方—有教学行为痕迹的教学过程—动态化教学评价—针对性教学实施—客观性教学记录—新一轮教学设计"教学模式的良性循环。

（一）采取大数据思维进行精准教学设计

教师在教学过程的各种行为，包括何时提问，何时讲授，何时开展小组活动，何时创设情境等都直接影响着学生学习效果。而这些行为都需要教师进行精准化教学设计。信息化时代空间教学过程的动态性及复杂性，使得课堂教学的不确定因素增加，教师的教学设计不能遵循某一既定模式。有针对性的教学设计能使教学过程更生动有趣，学生的创造性思维能得到更好发挥。

教师可以通过教师和学生在空间的"活动数据"记载情况，实时地掌握教师教学实施情况和学生学习情况，并通过学生的反馈行为灵活调整教学计划，并在教学过程中根据班级不同特点设计个性化内容。空间教学设计，容易使课堂中出现教学设计之外的"节外生枝"的问题，教师若能捕捉或创造更多这样的机会，学生参与程度与学习效能也能得到提高。大数据思维不仅能帮助教师看到"云空间"的庞大数据，而且通过对数据进行聚类分析，看到数据之间的相关性，并发现事物与事物之间的相关性。教师在小组活动设计环节时发现：在学习合作小组展示中，性格外向型组合更愿意以"情景剧"表演的方式呈现，性格

内向型组合更愿意以"一问一答"方式呈现，英语基础薄弱的小组更愿意通过讲解单词与词组。因此，在下一轮教学设计中，教师尽可能照顾到不同组员的特点，鼓励小组成员间和小组间的相互交流与合作，以帮助学生更全面地锻炼各个方面的能力。教师只有做到以"数"为"据"，才能及时地掌握学生的学习任务完成情况和后续教学重点和难点，才能开展精准教学设计。

（二）利用大数据预测结果完善差异化教学过程

教学过程是师生心理活动的过程，空间教学加快了师生交互作用的进程，教师教学任务的设计可以通过学生空间"访问痕迹"和"留言痕迹"得以实时反馈。教师对教学知识点的安排以及教学进度的安排以学生的"个人学习数据"为依据，及时收集学生的学习知识"盲点"。教师可以通过回看、反复浏览学生数据来分析学生普遍存在的"疑难问题"，也能发现部分学生的"个性问题"，并对不同学生行为进行分析，预测学习者学习规律。比如，教师通过发现不同学生上交作业的时间分析预测学生最有效的学习时间段，并根据他们的特点调整作业任务。教师可以根据小组作业贡献度排名来判断小组协作中各成员情况，并根据一段时间表现来分析并预测小组合作效果，并根据情况适时调整小组合作的形式和作业呈现方式。教师利用大数据预测结果，能促使教学设计—教学过程—教学反馈—新一轮教学设计这一循环过程中产生积极效应。教师根据学生对教学资源建设、互动讨论的参与程度，来判断学生的学习进程和学习效果，从而在课堂教学中开展有针对性的教学。在教师实践教学过程中发现：英语学习基础差的学生更不愿意完成书面表达作业，在此类型作业花费的时间较少，更不愿在课堂上主动发起提问，英语学习提高幅度更小。教师对这类任务完成情况不高的学生实施教学干预，有针对性地布置"啄木鸟"挑错任务等，让学生从自己常见表达错误入手，来逐步改变学生英语表达习惯。

在教学的不同过程与阶段，学生的学习行为都会留下一系列的"个人小数据"，数据与数据之前相互联系与影响，形成该课程教学的"系列大数据"。课前采集的数据，是课堂有效教学的基础，课中、课后采集的数据，既是调整教学节奏、开展个性化辅导的依据，又是因材施教、推进分层教学的证据。以数据分析为基础的空间教学促发教师教育教学从"经验主义"走向"数据主义"，将使课堂教学从关注"宏观群体"到关注"微观个体"的转变，让课堂教学发生在每个个体身上，使差异化教学成为可能。

（三）根据大数据反馈行为开设针对性学习处方

空间教学使得师生之间的"庄严感"弱化，在"寻找"与"探索"中得到更多探究知识的乐趣。学生在师生关系中逐步告别"聆听"，开始走向"质疑"；学生对于知识的态度，也需要从"理解"转向"反思"；学生对于教学方式也从"适应"教师，转为对自我认知的"超越"；在学习方式上，学生的"体验"要比教师"经验"更加重要。在这种教师与学习者行为转变的背景下，教师对于个性化学习的指导，需要强化学生的发展性思维、反思性理解力、体验性认知等方面。教师根据学生空间的"浏览痕迹"可以得知学生对不同类型资源的浏览频次，了解学生对学习内容的喜好程度，从而及时推送、更新学习资源。教师通过了解课前学习资源被访问的时间，学生完成学习主题"lead-in"问题的时间和答题情况，可以得知学生对知识点掌握程度。课中教师可以根据学生"group-work"活动反馈出的问题进行强化训练，并进行及时测试，收集学习后的学生掌握情况。课后学习作业提交时间、答题情况等为下一模块的学习和讨论提供了训练素材。

如在实践教学中，教师发现某些班级学生课前自主学习完成情况较差，课前"lead-in"问题主观题完成人数不理想；课中"group-work"汇报人总是集中在少数人；课后作业完成中的错误"雷同率"较高。教师通过一段时间观察与课后交流发现，该班学生英语学习基础薄弱，对于教师以"自主学习"为指导的翻转课堂方式很不适应。这些学习行为特征为教师下一步教学方式的改变提供及时反馈，在教师积极引导下，学生英语学习习惯逐步改变。教师通过一学期"课前"—"课中"—"课后"一系列学习行为和学习习惯中可以找寻不同学习任务和不同教学环节学生的学习规律和特点，从而采取不同教学方法，设置不同教学任务，让学生形成良好的自主学习习惯。

（四）实施大数据关照下的动态化教学测量

大数据之大，不仅仅意味着数据之多，还意味着每个数据都能在互联网上获得生命、产生智能、散发活力和光彩。大量实时的数据为课程评价与教师教学评价中"让数据说话"成为可能。对课堂教学中的所有数据进行统计分析，并实施及时反馈，能实现教学测量的过程化、动态化与精准化。大数据分析能直观地呈现学习者学习效果的轨迹，这种及时有效的反馈能帮助教师强化学习行为，激发学生自主学习动机，为进一步教学实施提供参考。大数据时代的教学评价以数据为基础，呈现多元化、动态化等特征，然而教师不能过度地依赖数据，将数据当作行动指南会导致学生的很多潜能常因为没有"药引"而未被激发出来。大数据只是作为教师找寻学习行为与学习效果相关规律的一种技术手段。

每个教师根据学习者行为特征采取的教学设计的调整以及教学资源的更新，在空间所留下的"痕迹"构成系列小数据，学习者参与程度、互动情况在空间所留下的状态数据也是大数据的一部分。因此，教师在进行教学测量时，需要关注数据的动态性：各协作小组整体表现发言积极程度的变化，小组成员参与程度的变化，学生学习能力与初始测试的变化幅度，学生作业的平均值等，而不是将一次测试成绩作为测量学生学习效果的依据。

面向未来的教育，不同于工业化时代"大规模批量生产"的人才，而是要更加关注学习者的个性化学习能力的提升。基于大数据的学习行为分析及时记录学习者学习过程，根据学习者的不同特征进行个性化学习资源推送，是未来英语教学改革的可能趋势，既符合数字化时代的特征，又是未来可持续发展空间学习生态的重要标志。

第四节　大数据对高校英语教育教学的影响

随着世界经济一体化的到来、信息技术的高速发展，尤其是互联网及各类移动终端的普及把人类带入几乎涵盖所有行业的一个大数据的时代。大数据时代的到来使高校英语教育模式发生新的变革，无论是教学形式、学习行为，还是教学评价、教学理论、教学资源以及教学评估等各方面都随着大数据的变化而作出相应更新、改进。笔者结合实践教学活动，从大数据对现代英语教育的影响及运用进行了探索与研究，并提出相关优化措施。

大数据时代，大学英语教师面临新的挑战，传统英语教学模式受大数据影响与冲击，已经逐渐转变和改进。数据的集中以物联网、数据库技术、云计算等综合技术的成熟为基础，数据是过程性和综合性的考虑，它更能考量真实世界背后的逻辑关系。大学英语教师在大数据相关知识的整合、教师职能与角色的转变、学生主体个性化发展与变化、新型教学设计和教学评价等方面面临巨大挑战。如对一个学生英语考试成绩的研究，可以依靠大数据进行分析，综合考虑这个学生的家庭背景、努力程度、学习态度、智力水平等数据，这些数据正是学生所得分数的正面反映，教师可以根据数据给学生进行相应教育和帮助。但是需要教师有相关的知识储备，有大数据整合能力。所以教师要适应大数据时代大学英语教学改革的趋势，从而实现良好的教师职业发展。大学英语教师要加强大数据整合能力的培养以适应个性化教学的需求、改进课堂教学模式和方法以切实提高学生的英语应用能力，提前做好自我准备以适应大学英语教学的一系列变化转型，参加相关培训和研修以提高自身教学的科研水平。

一、大数据时代教学方式的特征

传统教育模式是随着工业时代经济集中批量生产的模式产生的，其主要特征是有标准化模式：教学集中班级化、教材统一、教师的主体地位不可动摇、课堂有时间限制等，这些教学规定兴盛于工业化时代，并且为当时社会培养出了需要的人才。相比较这些特征，大数据教育模式更倾向于弹性学制、随时随地在线和多媒体教育、个性化辅导、多师同堂、家庭学习等。大数据与传统的数据相比，就有非结构化、分布式、数据量巨大、数据分析由专家层变化为用户层、大量采用可视化展现方法等特点，而现代网络环境下的大学教育会更加个性化、开放化、数据化、人性化、平台化，两者正好相互融合适应，教育除了是社会学科外，也将变成有数据论证的实证科学。互联网技术在教育中的应用越来越广泛，作用也在不断增加，与以往相比，一定程度上减少了教师的工作量，但是教师的比例并没有相应减少。这主要是由于大数据虽然很大程度上促进了教育的发展，但新事物的产生总要经过反复的实践，必有其不足的一面，如出现了大量信息垃圾，学生如果分辨不清，随意应用反而会造成负面影响，因此需要更多的教师进行指导。不过教师和学校的定义和内涵需要重新定位。目前，仅就知识传播而言，教育资源正在经历的是平台开放、内容开放、校园开放的时代，这是前所未有的。

二、大数据时代的英语教学中要进行的相关优化

（一）英语教师要引导学生形成互动、互助学习状态

高校大学生来自我国的各个不同地区，生活习惯和学习观念会有很大区别，而且大部分学生在整个中学阶段，受各种学业压力的影响以及教师的教诲，形成了独立学习、对他人漠不关心的学习状态。这种学习状态适应于我国中学应试教育，节约了学习时间，但也造成很多大学里，新学生很难融入集体互助合作的活动中，学生们在学习上是很少进行互动和互助；造成大数据在英语教学中所发挥的作用大打折扣。所以，作为学生英语学习引导者的我们，要想更好地受益于大数据应用所带来的种种教育资源，就要掌握现有资源调动学生积极性，营造学生互动的氛围。教师要让学生理解大数据时代进行合作互助的必要性乃至其深远的历史意义，进行相关教育活动，使学生树立起合作互动的理念，并应当以比较切实可行的学习活动，让学生在具体的学习中感受到学习的意义。

（二）英语教材的应用也要根据大数据进行相关调整

我国大学英语教材主要根据教学大纲和实际需要，为师生教学应用而编选的材料。教材是教学的主要依据，是教学大纲的具体化，教学保障包括网络信息基础设施保障、教学物资条件保障、图书资料保障等，在很大程度上影响着教学质量。以下是大数据环境下影响教学质量的主要因素：学习氛围、选用的教材、教学设施、教学服务保障。因此大数据条件下除了要为学生营造互助学习氛围外，还要依据实际需要，进行教材方面的调整，适应学生学习要求，以提高教学质量。

三、大数据对高校英语教学的深远影响

随着知识经济时代到来，大数据在高校英语教学中的应用越来越广泛。两者的深度融合，从根本上改变了我国传统的以课堂为主，灌输式教育模式，转变为更加开放、互动性的教学模式。与此同时，世界经济一体化，科学技术的飞速发展，促进全球信息的高速传播，并且逐步实现无缝整合与共享，其中教育资源信息也位列其中。尤其是近年来所开放的优秀教育资源正逐步向全球各角落的学习者所同步共享。

（一）大数据对高校英语教学方式的影响

大数据时代下的英语教育，是着眼于其长远发展，它使英语学习者能够学以致用，英语教育的实用性大大增加，并且根据各种数据能够更加科学地进行英语教学活动与管理决策，为英语教育开启新思路创造条件。一是大数据下的英语学习者可以不受时间、地点限

制，利用大数据共享可以获取各自所需的英语资源以及进行网络服务的多终端访问，能实现数据同步与英语知识的无缝迁移；二是能实现信息的全面交互，英语学习需要学生通过良好的人际交互以更好地理解与掌握语言能力，而利用大数据技术能实现师生之间、学生之间随时随地的互相交流；三是可以通过大数据统计出学生学习情况、家庭环境，了解学生课内外的学习轨迹，并形成具有研究价值的数据报告，以供教师进行教学改进；四是能提高教学管理效率。

（二）大数据对英语教学评价的影响

大数据技术可以对教师教学授课过程、学生学习行为以及各种教学管理数据进行全面采集，集中存储、深入挖掘与分析，在兼顾学生英语学习能力评估的同时，也为教师的教学质量评估提供了全面、准确的分析结果。

四、大数据在英语教学中的运用

（一）大数据在英语远程教育中的应用

全球经济一体化时代，各国经济贸易往来会更加频繁，英语作为最通用的国际语言，它的重要性不言而喻。尤其对于我国高素质人才，英语必将成为他们日常生活、工作不可或缺的交流语言。信息化、网络化的教学方式，可以更加便捷、高效地为学生提供英语学习机会，例如大量网络在线课堂、网络英语学习资源应运而生，实现人与人、人与机之间远程英语教育模式。

（二）大数据在英语课堂教育中的应用

学生是英语学习的主力军，主要学习场所还是在大学课堂上，大数据在课堂教学中的有效应用，可以迅速地获取学生学习的相关状态以及教师教学状态，并且通过大数据分析技术、采集技术的应用，分析其数据的成因，进而提出相应的教学对策，进行教学方法、学习行为以及教学模式的改进，以提高学生学习效果和实现教学目的。

（三）大数据在英语考试中的作用

大数据技术可以综合考察学生的英语水平，有助于教师安排更加科学、合理的考试内容。各个高校普遍建立相应的大数据平台，英语教育也从中受益，例如可以获取试卷的答题结果，班级成绩情况等数据，并且通过数据平台的采集技术、分析技术，详细了解学生的英语知识储备量与英语学习的疑难点，为今后试卷题目设置提供有利的参考，试题更加贴近学生实际学习能力。

总之，大数据时代的到来，为高校英语教学带来了新的教育机遇，虽然存在着一些问题和缺陷，但数据技术和英语教育深度融合，如能合理地应用并优化创新，发挥大数据平台的价值，必定会带动英语教学水平更上一层楼。

第五节　大数据时代高校英语数字化教学的转型

1970 年，托夫勒在《未来的冲击》中明确地提出了面向未来的教育：倾向小班化，多师同堂，在家上学，在线、多媒体教育，回到社区。着重培养学生适应临时组织的能力，培养能作出重大判断的人、在新环境迂回前行的人、敏捷地在变化的现实中发现新关系的人。凯利 (Kelly) 也预测，随着大数据时代来临，学校会更加多元化，未来的人工智能将诞生于由 10 亿台中央处理器组成的"全球脑系统"，这个系统包含互联网及附属设备——从扫描仪到卫星以及数十亿台个人电脑。

的确，网络媒体的发展已经引起高等教育的革命性的变化，一是"大规模开放在线课程 (Massive Open Online Courses)"，简称"慕课 (MOOC)"，正在冲击着全球教育；二是大数据 (Big Data) 理念在教育中的作用逐步得到重视，初步形成学校教育、网络在线教育和实践应用延伸的三位一体的教学模式，教师也由原来的"教学主持者"变成了"教学参与者"。据统计，在 2012 年"MOOC"平台纷呈竞现，哈佛大学和 MIT 创立的 edX 有 49 所大学加盟，包括清华大学和北京大学，设 175 门在线课程，100 多万学生选修；斯坦福大学创立的 Coursera 有 82 所大学加盟，386 门在线课程，350 万学生选修；斯坦福大学创立的 Udacity 有 25 门在线课程，40 万用户；英国开发大学 Future Learn 加盟成员包括 26 所大学、大英博物馆、英国文化协会以及大英图书馆；澳洲公开大学联盟开发有 48 门免费课程，64 门学分课程在线，课程分研究生、本科生、职业教育；德国学者在企业的资助下创建的 Iversity 平台有 24 门课程，10 万用户；2013 年 10 月清华大学的中文"慕课"平台"学堂在线"目前有 5 门课程，10 万人次选课。越来越多的在线课程表明大数据时代已经来临。

一、大数据背景下大学英语教学面临转型

大数据时代改变了人们的生活习惯，正在引领人们由读书时代迈向读屏时代。"大数据的'威力'强烈地冲击着教育系统，正在成为推动教育系统创新与变革的颠覆性力量。"大规模开放在线课程出现是当代教育发展的一大趋势。因为当我们进入未来第三次浪潮的经济和社会，我们不再强调同一性，而是强调个性。正是在这样的背景下，2014 年我国高校明确区分了研究型大学和应用型大学两大类别。而从建构主义理论来看，由于个人的经验、信念不同，对外部世界的理解也有差异，语言学习者更加关注如何以原有的经验、心理结构和信念为基础来构建知识。建构主义的教学模式应包含四个关键因素：教师、学生、任务和环境，其中任何一个因素都不可能孤立于其他因素而存在，它们之间的交互是一个动态的、发展的过程。教师的行为反映他们的价值观念，学生对教师的反应方式与他们的个人特征有关。这样教师、学生、任务三者处于一种动态的平衡之中。整个教学过程

教师更多地是充当"脚手架"的功能，学生则凭借由教师、同学以及他人提供的辅助物完成原本自己无法独立完成的任务。随着学生学习能力的逐步提升，学习的责任将逐渐转移到学生身上，最后让学生完全积极主动地展开学习，并通过学习建构出真正属于自己所理解、领悟、探索到的知识。脚手架能帮助学生穿越最近发展区，能促进学生认知和社会性的发展。

基于此，大学英语课堂教学面临转型，即把学习的主动权交还给语言学习者，学习者可以高度自由地控制学习的方向、内容、进度，在各种生活场景和语言环境中漫游，却又没有真实世界的压力，体现在参与中获得愉悦，在愉悦中引起共鸣，在共鸣中获取语言能力，实现语言实际运用的目标。在现代教育技术发达的今天，大数据为我们提供了便利，大学英语数字化教学课可以充分地利用"慕课"(MOOC)"多模太"(MODULE) 和"翻转课堂"(FLIPPED CLASSROOM) 形式教学，设计网络化在线学习模块，强调个性化自主学习。这对于大学英语教学来说，好处在于：教学资源丰富，信息量倍增；有利于学生个性化自学潜能的发挥；师生互动量增加，教与学不受时空限制；对学生学习成绩评价多元化；容易激发学生学习的积极性。

二、大数据时代大学英语的数字化教学模式

大学英语课堂教学应视为应用型人才培养的重要环节，作为高校开设的一门公共必修课，在形势不断发展的情况下探索其新的教学模式，充分地利用大数据时代带来的便利，实现课堂教学和课外在线学习相结合的教学方法意义重大：其一，它能满足现代大学生的心理诉求，实现全方位、开放式课堂教学机制；其二，它能使大学英语教学跳出传统的一块黑板、一位老师、一间教室的教学模式，充分发挥视听说优势和融入真实语言环境，并为学生今后的发展做准备；其三，它可以作为高校提升外语教学综合水平的一个参照。就大环境来说，中国要真正走向世界，外语人才的培养至关重要，没有高水平专门知识又精通外语的人才是无法实现"走出去"和"引进来"的战略目标的。从小环境看，高校担负着培养人才、服务地方、振兴国内经济的责任，未来人才的素质将直接关系到国家的创新体制建设。因此，从高等教育国际化的战略高度来看，基于"MOOC"平台的大学联盟为我国的高等教育提供了同国际一流大学真正对话的机会。但是，这些在线课程的教学语言几乎都是英语，因此没有英语基础的支撑，即使有了全球优质教学资源，我国的大学生也可能会面临语言上的障碍。而未来我国的高等教育都将侧重于学生对所学知识的实际应用方面，他们需要了解大量与专业相关的知识，这就决定了他们对外文信息要有准确的把握。大学英语数字化教学模式开辟了非英语专业学生的第二条获取专业知识的通道——在线自主学习，同时也体现出英语学科的人文性和工具性特点。

大数据背景下大学英语数字化教学模块设置。传统大学英语课只是为学语言且教语言，不仅费时低效，而且还忽略了英语的人文性和工具性特点。大数据时代教学资源可以

得到充分整合，通过数字化教学让英语课堂变成语言能力＋专业素养课，使学生感受和体验英语，而不再是被动学习英语。目前高校可以结合自身优势，采取多层次、多模块的网络教学平台为学生创设真实语言环境，还可以通过加入大学联盟获取更多在线课程，以满足不同层次学生学习英语的诉求。在模块设置上可体现行业特征，并融入人文素质和思辨能力的教育，如基础英语视、听、说模块，通用学术英语读写模块，职场和行业英语模块，文学欣赏模块，文化和科学伦理模块，等等。

大数据背景下大学英语数字化立体教材开发。就目前的大学英语教材来看，以书本＋光盘形式出现的居多，这难以满足数字化教学平台的要求。因此，创建立体化教材，以文字、录音、多媒体课件、电子教案、电子档案袋 (e-portfolio)、网络课件、学生自主学习系统、资源库和测试库、专业网站等形式来支撑大学英语课堂教学已是必然趋势。它有利于"创建真实的语境或场景，为学生提供'有意义交际'和实践的机会"。从不同的视角为学生营造一个比较和分析的空间，充分地发挥教师与学生、学生与学生、学生与课件等人际和非人际的互动作用。

大数据背景下大学英语的教、学、考、管集成。大学英语数字化教学因其理念的革新，以及教学资源的网络化、数字化、信息化，教学方式更具人性化、个性化的特点，无论是构建语言教学的生态环境，还是营造语言教学人文环境，都对教学管理、教学评价的科学性提出更高的要求。考试不再以传统方式进行，而是采用网络无纸化考试，评价采取多元评价，形成性和终结性相结合，采用综合和集成的方法，统筹考虑教师、学生和教学管理者三个不同层面的相关因素，将三方的观念更新、课程体系优化、教学方法和学习方法创新、服务和管理效能提高等相关要素纳入教改的总体规划。

三、大学英语数字化教学的预期目标

交互性。长期以来，我国大学英语教学在教学观念、教学模式、课程体系、教学方法和教学测评方面存在不尽人意之处，导致非英语专业学生英语综合应用能力不强，教学模式相对单一，教学方法和教学手段相对陈旧，学生学习动力缺乏，自主学习意识和能力不强，在文化传承和人文精神培养方面比较乏力，教师积极性不高，学生对英语学习缺乏兴趣等。而通过数字教学平台，师生之间的互动加强，学生可以不断地向老师提问，教师为了解答学生提问不得不更新知识和提高水平，达到师生间的交互成长。

体验性。依据大学英语教学改革以及我国社会经济迅猛发展对大学英语教学要培养具有很强国际竞争能力人才的要求，大学英语数字化教学定位于加强实用性英语教学，以培养学生的英语综合应用能力为目标，特别突出和加强了听说与交流能力的训练与培养，通过教师下达任务，学生担当角色，立足校本经验，开辟网上专家空中课堂，在纯英文环境让学生体验语言的魅力和完成任务后的快感，达到轻松学英语的效果。

建构性。数字化教学模式强调学生积极参与并自主管理自己的学习过程，是一种新型教学模式。这将不仅是一个教育目标，又是一种教学理念，同时还是一种学习策略。因为学习者自主是现代教育心理学尤其是人本主义、认知主义、社会建构主义学习理论的要求。而语言学习过程必须重视人的感情因素，要在教师指导帮助下学生参与甚至决定整个教学过程：知识的获得主要是通过学生自己发现，教师只是组织者、指导者、帮助者和促进者，学习环境（自主学习中心）与社会互动（合作学习）是两个重要环节。可以说，通过在线学习平台，学生既获得知识又参与实践，两者相辅相成。

大数据时代颠覆了传统的教学方式，为高校大学英语教学提供了自主学习平台，特别是十八大以来我国明确提出要加快发展现代职业教育，推动高等教育内涵式发展，相当一部分新升本高校面临转型，转型过程中必然涉及课程设置、教学手段等的大改革，强调应用型、实用性的专业课程开设以及学生实践能力的提高。而在转型过程中大学英语课堂教学应考虑"专业＋通识教育"模式，充分地利用大数据时代带来的便利整合课内外教学资源，借助网络在线教育，结合课堂教学，让学生学习英语的同时也学习专业知识，这将大大地提高学生的学习积极性和主动性，真正体现英语工具性作用。

第六节　大数据背景下英语教学的微传播

在大数据背景下，数据流和信息形态都发生了重大变化，信息共享、交换以及数据处理变得更加便捷，这为学生提供了良好的自主学习条件，对教师的教学方式方法也产生了重要影响。为了适应新形势，高校应加强英语自主学习平台建设；教师要更新教学理念，从知识的传授者转变为学生学习的指导者和帮助者，同时不断地提高信息处理能力，充分地利用互联网交互平台开展教学。

自 2012 年以来，越来越多的政府和行业开始意识到数据和信息的重要性，"大数据"成了十分流行的关键词，人们用它来描述和定义信息爆炸时代产生的海量数据。2014 年，在全国高校外语教师发展论坛上，杨永林教授做了《"慕课"时代大数据在外语教育与研究中的应用——以 TRP 平台为例》的报告，分析了大数据理念在英语教学中的作用。目前，传统的英语教学方式已很难激发学生的兴趣，也很难保证课程教学效果。大数据的发展不但促进了学生学习方法的改变，也促使教师主动改变课堂教学方式，使教学方式更加多样化。

一、大数据背景下英语教学的变化

目前，信息化成为社会各个领域发展的特征之一，英语学习也不例外，大量英语学习工具、平台和管理系统应运而生。这些英语学习工具、平台和系统能够根据大数据分析的结果预判学生的需求，找到学生学习过程中存在的问题，从而有针对性地帮助学生实现英语学习的预期目标。例如，品种多样的语料库系统、在线搜索引擎等能为英语写作提供词汇用法等方面的帮助，有利于学生解决写作过程中的语法问题，不断地提升写作能力和语言运用能力。

随着网络技术和现代教育技术的不断发展，学生学习数据的收集也越来越简单，不但数据量越来越大，数据的内容也呈现多样化特征，如通过数据挖掘能够了解学生的学习动机和学习行为，通过学习评价系统可获得学生在线学习效果方面的数据，等等。在当前英语教学中，英语学习的具体化语境例证需求逐渐变大，而教师可以通过网络共享资源下载多媒体教学所需要的课件、例证等，从而有效地提高教学效率。合理利用网络数据资源开展多媒体教学和在线教学，能够促使学生激发自主化、个性化学习的积极性，有效提高学习效率。

在大数据背景下，教师可把学生在学习过程中产生的数据（包括聊天、社交、游戏中的交互信息）收集起来，了解学生接受与掌握英语的程度、学习行为及学习习惯等，及时发现学生学习的误区，进而帮助学生找到适合自己的学习方式，同时有针对性地改进课堂教学。如在阅读教学中，教师可通过收集相关数据的分析，了解学生英语阅读学习的习惯与方式，从而及时地改进英语阅读教学计划，开展个性化英语教学，提高教学效果。

二、大数据背景下英语教学的微传播化

在大数据背景下，现代智能软件能够对学习者的学习行为提供实时帮助，网络技术能够为学习者创建一个主动学习的情境，诱导学习者学习的持续性，帮助学生形成科学的学习习惯和学习方法，也方便学习者对学习效果进行科学合理的评估和评价。同时，在大数据时代，英语教学具有微传播特征，具体反映在以下几方面：

实时互动性。通过登录微博、微信等平台，教师可以随时布置课程练习和课后作业，学生可以随时接受教师布置的任务。在英语课程教学中，传统教学方式难以满足点对点教学的要求。例如，提高学生语言交流能力和应用能力的难度较大，教师难以判断学生群体的英语能力水平，课后作业难以批改，等等。在大数据背景下，教师可以借助"作文批改网"等网络平台解决这些难题。另外，利用大数据云存储技术，还可以根据需要建立学生写作学习轨迹档案，以便捕捉学生写作过程的每一个细节，形成发展性写作评价。

迷你化。根据 2014 年中国互联网信息中心发布的《第 34 次中国互联网络发展状况统计报告》可知，2014 年底，我国互联网普及率达到 46.9%，手机网民规模 5.27 亿，手机使用率达到 83.4%，手机作为第一大上网终端的地位突显。由此可见，微传播的主要载体具有小巧便捷、易于携带、自主性强的优势。当前，各高校的无线网一般都能覆盖校园图书馆、食堂、宿舍等场所，学生通过手机等网络中端，可以在任意的时间和地点登录微博、微信等平台，获取英语学习信息，在很大程度上突破英语学习的时间和空间限制。智能手机等迷你型移动终端的普及，为学生随时随地搜索资料、查单词、提交作业提供便捷的途

径，使学生的英语学习更加细节化和自主化。

精简化。在无线网络高度覆盖、信息快速传播的时代，信息量的增大和信息传播速度的提高，使得人们在阅读过程中更加乐意用快捷的方式获取信息，在一定程度上改变了阅读方式和阅读习惯。同时，为了加快信息传播速度，要求网络信息更加精简化，由此催生了微博、微信平台上的"微言微语"，主要反映在英语方面，精炼的短句和小段落更加具有吸引力。在微传播背景下，学生更乐意接受内容新颖、简短而有重点的信息，以便充分地利用零散的时间。因此，微博和微信平台上的英语学习信息通常是几句话、几张图片或一小段视频（如微电影）。简洁明了，具有即时性、视觉性和互动性等特征的微信息，更容易获得人们的注意和兴趣。

三、大数据背景下英语教学的创新策略

在大数据背景下，微课、慕课、翻转课堂等教学方式在全球风靡。新形势下，教师在英语教学中要不断地创新教学手段和教学方法，充分地利用互联网交互平台开展教学，促使学生快速提高学习成绩。具体讲，应从以下几方面创新和改进教学：

（一）建设自主学习平台，促进学生自主学习

大数据背景下，英语教学不再局限于课堂上教师的讲解，提高学生综合运用英语的能力和自主学习能力成为英语课程教学的主要目标。为了适应新形势，高校应加强英语自主学习平台建设。英语自主学习平台应包括课程学习系统、听力测试系统、口语训练系统、师生交互系统等，这些系统不但要有相应的学习资源，供学生根据自己的兴趣和需求自由地选择，还应具有测试功能和测试成绩记录功能。这样，借助自主学习平台，学生可以将学习计划上传至网上征求老师的意见，以提高学习效率；可以实现知识学习和资料查询，及时检测自己的学习效果，并通过检测结果明确自己的努力方向；可以自由支配听说和读写练习时间，充分地利用系统提供的丰富的课外资源开展个性化学习。借助自主学习平台，教师可以向学生推荐学习网站和常用学习软件，了解和掌握学生的学习情况，分析学生的学习行为，及时指出学生学习方法、学习态度等方面的不足。

（二）更新教学理念，注重激发学生的学习兴趣

在传统的英语教学中，由于教学班人数多，更正语音、批改作文等往往耗费教师大量的精力，但难以取得好的效果。在当前的大数据时代，这些问题迎刃而解。例如，以往学生记单词是依靠单纯的背单词书，而大数据背景下借助手机 APP 可以有效地提高记忆单词的效率，且很多在线工具将背单词与闯关类小游戏联系在一起，真正做到寓教于乐，因此吸引众多学生的眼球。再如，很多网站都建立了英语语音和英语在线翻译系统，甚至在线英语作文批改也成为现实，这为教师的教学和学生的学习提供了极大的便利。公共英语学习网站和学校的英语自主学习平台，大多能为学生的英语作文提供修改意见，使得学生可以通过不断地修改获得满意的成绩。这种作文批改和反馈形式的改变，可以让学生和

教师从书本中解脱出来，也使教师和学生充分领略大数据的魅力。可见，在当前的英语教学中，教师必须及时改变教学方式，积极应用新的软件和工具平台开展教学，否则，难以激发学生的学习兴趣，更难以充分提升教学效果。借助软件和工具平台开展英语教学，要求教师从知识的传授者转变为学生学习的指导者和帮助者，积极与学生开展网络交流，及时解决学生遇到的疑难问题。

（三）更新知识，提高信息处理能力

信息技术的快速更新换代，为英语教学提供了大量的平台和工具，而网络上的平台和工具各具特色，功能也不尽相同，有的甚至已经被技术的发展所淘汰。可见，教师应在不断更新知识的基础上，全面了解各网络平台和工具的优势与不足之处，从而为学生提供科学合理的参考意见，否则可能会误导学生。英语教师在了解信息技术特点的基础上，懂得教学规律，才能提高教学效率。例如，在我国传统的教学评价体系中，过程评价和多元化评价是最薄弱的一个环节，而网络英语自主学习平台的测试功能和测试成绩记录功能，不但能够激发学生在线学习的积极性，还能够为英语课程的过程评价提供数据支持，当然，这要求教师十分熟悉英语自主学习平台的功能和操作方法。

第八章 网络环境下大学英语听说教学

第一节 网络教学环境下大学英语视听说课程设计

随着大学英语改革的不断深入，我国大学英语教学也正在经历一个教学理念不断更新、教学方法和手段不断完善、教学条件和环境不断优化的过程。2004年教育部正式印发的《大学英语课程教学要求》，将大学英语的教学目标确定为培养学生英语综合应用能力，特别是听说能力，使他们在今后工作和社会交往中能用英语有效地进行口头和书面的交流，同时增强其自主学习能力，提高综合文化素养，以适应我国社会发展和国际交流的需要。课程设计本身指根据不同的教学对象，对教与学的活动进行不同层次、不同范围、不同环境、不同形式的设计，是运用不同的学科理论或原则解决外语教和学等问题的过程，是定标和达标的科学性与艺术性结合的表现。本节研究的目的是以网络技术为支撑，使英语教学不受时间地点的限制，朝着个性化学习、自主式学习方向发展；根据吉林农业大学自身的条件和学生情况，研究并探讨了适合本校情况的基于单机／局域网的多媒体和课堂教学中视听说教学的课程设计，保证学生有效地进行学习。

一、大学英语视听说课程教学设计的要求

大学英语视听说（网络教学）课程是一门以学生自主学习和协作学习为主体的综合性学习课程，其主要目的是以培养学生综合语言运用能力为主，并使学生在运用知识的过程中培养从事不同文化交流与合作的能力、交际能力、协作能力、适应工作的能力、独立提出建议和讨论问题的能力、组织能力、知人处事的能力、灵活应变的能力，等等。因此，现代教育技术的优势为本课程的顺利开展提供了坚强的保障，学生在网络上进行自我监控、测试、检查，判断或检测其自身学习行为和效果。

大学英语视听说课程教学设计，首先，必须遵循《大学英语课程教学要求》，符合语言教学规律，符合学生和社会对英语学习的需要。大学英语视听说课程的教学设计强调在教师指导下的有效语言结构的同时，突出语言表达能力的培养。《大学英语课程教学要求》明确提出：大学英语教学的目标是培养学生的英语综合应用能力，视听说一体的教学模式可以帮助学生能听懂、能表达，符合《大学英语课程教学要求》的教学指导思想。其次，

外语教学不仅是单向的语言输入，更为重要的是利用有效的语言材料构建语言体系、培养语感，目的是达到顺畅的语言表达。大学英语视听说课程的教学是教师有针对性地输入讲解和引导学生构建语言体系相结合的教学模式，符合外语教学规律。最后，大学英语视听说课程的教学设计要有利于调动学生学习的能动性，学会从真实的语言材料中获取有用的信息、锻炼自主学习的能力，在以后的学习交往中不断地提高英语水平，同时增强其自主学习能力。

大学英语教学自 2004 年开始采用了课堂教学和基于计算机自主学习系统相结合的教学模式。新的教学模式的特点之一就是学习者自主。元认知理论和建构主义学习理论认为英语学习是学习者主动获得英语知识、形成英语技能的过程，学生的自主学习依赖于学生的自我学习意识、学习动机、学习策略等学习者因素，强调学生是认知的主体。因而网络教学环境下大学英语视听说教学模式要求教师着重培养学生的主动性和积极性，提高学生的自主学习能力。

二、大学英语视听说教学现况的调查及结果分析

（一）两个问卷调查

1. 针对学生的问卷调查一

300 名大学生接受了这次问卷调查。问卷包括三个部分：第一部分调查学生学英语的心理因素；第二部分针对教学方面的（从学习者角度看）问题；第三部分有关学生学英语的情况。

2. 针对教师的问卷调查二

53 名大学英语教师接受了这次问卷调查。问卷包括两部分：第一部分是有关当今教育体制的；第二部分收集有关当前大学英语视听说教学的情况。

（二）结果分析

1. 大学生学习英语的情况

从对学生的问卷调查中看出，58% 的学生有一定的学习英语兴趣，少部分学生（19.3%）不感兴趣。但是，由于他们的目标不明确（48% 的学生学英语主要是出于必修课的原因）、语言实际应用能力差（85.7% 的教师这么认为）和较高的焦虑感（66.7% 的学生参与课堂活动时感到紧张），结果造成了学生参与活动的积极性不高（69.3% 的学生不自愿，78.6% 的教师认为大多数学生积极性不高）和自主学习能力不强的结果（46% 和 48.7% 的学生分别只是偶尔练听力和会话，71.3% 的学生没有明确的学习计划，73.3% 的学生没有明确的实施计划的策略）。

2. 大学英语视听说当今的教学状况

将视、听、说三种学习活动有机地结合起来，以听、视（看）原版影片及访谈类材料为手段，以发展口语能力为目的。听、看是英语学习的一种"输入"，输入的是一种原汁

原味、生动活泼、听觉神经和视觉神经相结合的英语；说是一种模仿性的语言输出，输出经过学生模仿、学习、加工后产出的结果。先视听，后模仿角色对话，最后对所学内容进行评价，形成一套行之有效的教学方法。

调查结果表明，57.1%的教师英语课堂上主要采用交际教学法；78.6%的教师通过课上各种活动培养学生的口语能力；69.3%和42%的学生认为，"说"和"听"分别最重要和较重要；87.3%（30%+57.3%）的学生认为课堂教学重视口语教学。

三、网络教学环境下大学英语视听说教学的课程设计的可行性

（一）自主学习能力培养的必要性

1. 培养自主学习的能力是《课程要求》的目标

基于 Web Quest 的网络课程能突出体现学习者学习的自主性，满足学习者自主学习的需要，充分发挥学习者自主探究资源的能力，满足学习者对学习内容的自我选择、甄别和管理。英语语言文化知识所设计的内容广泛，学习者本身对语言知识的需求千差万别，而教师的课堂教学仅仅只是大学英语教学设计环节的引导，要借助"多媒体（multimedia）"来进行"多元文化（multicultural）"教学，以更"贴近学生生活（relevan to students 'livcs）"和"贴近职业市场（career-oriented）"。这一过程的实现无疑需要学生在文化情景下进行自主探究和合作探讨，以满足个人对知识的需求。

要适应社会发展和国际交流的需要，人们必须终身学习不断地自我发展与提高。对于许多学生来说，离开学校、走上社会并不意味着学习英语的结束，而是更深层次的自主学习的开始。

2. 自主学习能力的培养是计算机学习系统有效利用的保证

当今学生不只是通过有限的课堂教学获取知识和培养能力。课下还要在自主学习系统中自主学习英语。学生根据自己听力测试的情况，自由选择听的级别，自己决定听和说的遍数，解决自己的问题，实现个性化学习。这种学习成功的保证完全取决于学生的自主学习的能力。

3. 自主学习能力的培养是语言教与学的目标

语言学习是一个积极的动态过程，是学习者综合运用各种策略模式对信息积极加工、对学习过程自我监控，从而达到自然运用语言的过程。

4. 自主学习是学生各项能力发展的保证

随着教学改革的深入，英语测试（四、六级考试和学期期末考试）不再只是对英语知识记忆的考查，而更多的是对运用能力的检测，包括策略运用的考查，如口语的交际策略和情感策略，大意预测听力等。

5. 自主学习能力的培养是提高课堂教学效率的需要

在有限的课堂教学过程中，首先，让学生明确教学目的和内容，认真听课，充分地调

动学生的主观能动性、积极配合老师参与各种活动、取得最大程度的输入和内化。其次，（由于课堂时间有限，大量时间在课外）课外正确引导：有规律的复习—预习—练习相结合。课内外相结合是提高教学效率的保证。

（二）课堂教学应重视学生的需求

以学生为中心的课堂教学应充分体现学生的需要。课堂教学不仅要考虑他们将来对英语的需求，还要考虑到他们日常学习过程中的需求。在日常学习过程中的需求不仅包括语言学习本身的因素，如日常的学习负担、循序渐进、复习巩固等，还要包括学生的智力和情感的需求。

（三）积极探索视听说教学的新模式，帮助学生建立信心激励学生兴趣

2004 年以来，我校大学英语教学实施了基于计算机和课堂教学的大学英语新模式。教学为课堂教学＋计算机学习辅助系统＋教师辅导形式。课堂教学教师设计有利于个性化自主学习的教学活动，营造和谐的课堂气氛，帮助学生建立信心，激励学生的学习兴趣。"听说"教学采用多媒体网络教学模式。在教学过程中，教师要注意激发学生的学习热情完善教学中意义建构的指导作用，教师在学习情境的创设过程中，使网络课堂不仅实现人机对话，更重要的是进行人际交流。建构主义认为，在学习者对知识意义的自主建构过程中，意义建构是学习的目的，它要靠学习者自觉、主动地去完成，教师和外界环境的作用都是为了帮助和促进学习者的意义建构。计算机和网络作为一种外在的媒介是实现学习者意义建构的一种有效桥梁，它必须以实际有效的资源内容为核心来促进构建过程的实现。

（四）重新认识了教师在视听说教学中的作用

以学生为主体的网络环境下学生的自主学习并不意味着教师职责的削弱，反而对教师提出了更高的要求，要求其承担更多的角色。事实上，教师在促进学习者自我实现并定期向学习者提供帮助方面起着至关重要的作用。

（五）建立视听说教学质量评估体系

建立了教学评估体系——由过程性评估和终结性评估两部分组成。过程性评估由教师评价和学生自主评价共同构成。学生自我评估包括：网上学习过程记录、单元成绩、阶段性测试成绩等。教师每节课记录学生的表现情况，每月检查一次学生的课堂笔记、课外写作等，并记录成绩。教师通过课外活动的记录、网上自学记录、学习档案记录、作业提交情况、访谈和座谈等形式对学生学习态度、学习方法、学习过程和学习效果进行观察、评估和监督。终结性评估由期末考试和平时成绩按比例构成。

实际上，英语课程设计是一个理论与实践相结合的复杂工作，它不仅需要理论为基础，更需要实践去检验，是一个不断更新和完善的动态过程。只要我们在今后的英语教学中勇于创新、不断进取，英语教学就一定会上一个新台阶。

第二节　多媒体网络环境下的大学英语视听说主题式教学

视听说英语教学主要通过视频和音频材料，借助比较真实的语言情景来进行。自 20 世纪中叶起，在西方国家就产生了运用听和说进行语言教学和学习的方法，比如，听说法 (The Audio-Lingual Method)，情景法 (The situational Approach)，交际法 (Communicative App roach) 等。这些教学方法都曾对我国的外语教学产生了很大的影响。不过由于中国的教学一向是以考试为导向的，课堂上教师往往花大量的时间训练学生的听力技能技巧以帮助学生通过考试获得高分，而非真正意义上的视、听、说综合能力训练。

随着多媒体和网络技术的发展，网络多媒体技术融入英语视听教学中也成为趋势。2008 年 7 月，教育部高等教育司张尧学司长提出了新一轮大学英语教学改革的目标：以提高大学生的英语听说能力为主，以此来带动英语综合能力提高。由于网络多媒体技术能够创设教学内容所需要的特定的语言情景，具有进行人机交流和加强师生之间和学生之间的交互协作的功能，因此在网络多媒体环境下开展英语视听说教学有利于学生视听说能力的综合训练，有助于提高学生对输入语言材料的理解和以口语交际能力为主的综合语言输出能力。

一、语言输入假设和输出假设理论

美国语言学家 Krashen 在 20 世纪 80 年代初提出了语言输入假设理论 (Input Hypothesis)，Krashen 认为，只有当习得者接触到"可理解的语言输入" (comprehensive input) 略高于其现有语言技能水平的第二语言输入，才能产生习得。如果习得者现有水平为"i"，能促进他语言习得的就是"i+1"的输入。Krashen 的 i+1 理论集中体现了循序渐进观，强调学习的步骤、方法和学习的过程，强调在"过程"中获得"结果"，让学习者获得大量的可理解性语言输入，变输入为吸收，习得语言知识，增强语言能力。

Swain 提出了"输出假设"，指出仅仅靠可理解输入还不能使二语习得者熟练地使用语言，成功的二语习得者既需要大量的可理解输入，又需要可理解输出。Swain 指出，在某种程度上输出可以促进二语的习得，其方式不同于输入，但可以增强输入对二语习得的作用。

Krashen 的理论和 Swain 的理论是相辅相成的。大量可理解的语言输入才能保证成功的语言输出，语言输出又可以促进语言输入的增加，从而使学习者语言水平不断提高。教师要充分地考虑到学生的知识结构和现有水平，在其可理解范围内保证给学生提供足够的语言输入。这样，学生可以有效地接触大量的可理解性语言输入，从而提高语言习得效率。

二、利用多媒体网络环境进行主题式教学

英语主题教学模式是在现代教育思想指导下，以反映社会生活各方面主题为学习内容，把主题分化为不同的话题，通过引导学生参与这些话题逐步学习掌握语言知识，了解隐含的文化信息，达到提高学生的跨文化语言交际能力的目的。

如今多媒体网络技术被广泛用于教学中，教师可以借助网络多媒体资源的共享特性，根据不同的课堂主题，搜集整理与之相关的资料，提供较真实的语言材料，扩大和丰富语言输入，激发学生的兴趣，让学生在轻松、合作、友好的课堂环境中利用多种资源和信息，主动学习语言知识，并利用网络自主学习平台拓展学习内容和空间，通过听觉和视觉大量感知语言材料，结合各种听说活动加强语言输出，提高学生的英语交际能力。

笔者在大学英语视听说授课中，摒弃了以考试为导向的公共英语听说课的授课模式，采用了发挥多媒体网络技术的资源优势，进行主题式教学的方法，具体做法如下：

（一）确定主题

主题内容不拘泥于固定的教材，而是根据学生的学习兴趣确定课堂主题，围绕这些主题展开各种语言视听说活动。笔者在授课中一般先提供一些涉及经济、教育、职业、健康、住房医疗保障、体育、旅游、环境保护、爱情等的主题，由学生挑选，然后根据授课时间和教学条件适当增减。这样能保证选取的主题现实性强，符合学生的兴趣，能调动学生学习的积极性。

（二）以主题为指导的语言输入输出

主题式教学的本质特征是围绕主题进行训练，以培养综合能力。在笔者看来，一堂成功的英语视听说课需要完成以下三个步骤：

首先，课前准备。课前准备的目的主要是保证学生有足够的语言输入，以利于课堂活动的展开。教师可以依托学校的自主学习平台，提前公布课堂主题内容，上传学生课前要看的视频和音频，布置与课堂主题相关的思考话题，并让学生在网络上搜索与此主题相关的视频材料，利用网络环境进行探索和学习，然后根据以上材料进行加工整理，思考该主题在日常生活中的具体体现，对大学生有何影响等，最后以 PPT 课件的形式呈现出来。课前准备不仅能让学生提前了解相关的课堂主题内容，更为重要的是可以缓解学生课堂学习过程中的焦虑情绪，增强学生参与课堂互动的信心。

其次，课堂教学。这一步骤是语言输入输出并重的阶段。承接课前准备，教师先让学生做个人课堂报告，即与其他同学分享自己准备的 PPT 课件，阐释个人观点，并回答其他同学提出的问题。然后，教师把通过网络多媒体制作出来的与主题相关的音频视频材料输入给学生，让学生进行听力理解练习，检查学生的理解程度，具体讲解重点难点，提供相关背景和文化知识，帮助学生掌握细节。对于好的视频材料，可以利用多媒体技术，选取合适的视频片段，让学生模仿，帮助学生完善英语发音和加深材料理解。另外，教师根

据主题内容设计一些跟现实和学生生活密切相关的话题，开展课堂口语活动，调动学生语言输出的能动性。可以把学生分为小组，给他们一定的自主性，让学生自行确定采用对话、访谈、角色扮演等不同的表现形式。

教师课堂呈现的视频音频材料与课前提供的应有一定的内容差和难度差。如果课前和课堂上使用的材料一样，学生获取语言材料的积极性就会降低，不利于学生语言知识的输入。同样，课前材料难度应低于课堂材料难度，既能调动学生课下学习的积极性，又让学生对课堂教学充满期待，营造好的学习氛围，减少学习障碍，提高语言输入输出的整体效果。

最后，课后延伸。视听说课程应该兼顾听和说能力的双向提高。只听不说或者多听少说都不利于学生语言交际能力的发展。否则，学生语言表达能力差，无异于传统的以听力为主导的教学模式。由于课堂上学生进行输入输出的练习时间有限，因此课外在老师引导下进行延伸的语言输入输出学习对于提高学生综合语言表达能力显得尤其重要。

课后延伸主要借助学校的网络学习平台，利用网络资源，让学生在开放交互的环境下进一步学习，扩大信息输入内容，增加输出的模拟练习。网络平台上有各种难度的视频音频内容，学生可以随机练习。教师还可以上传一些与主题相关的辅助学习资料，提供在线答疑。网络有学习论坛 BBS 和网络日志 BLOG，学生可以就课堂话题相互提问发表个人看法，增加学习的互动性。为避免课后学习流于形式，教师可以规定哪些内容必须在网上完成，哪些内容可以根据个人能力可做可不做，这样可以保证学生课后学习有一定的针对性和自由度。

（三）立体化学习评价

针对学习效果的评价应结合视听说课的自身特点和网络多媒体辅助学习的特性。不同于以往的以考试为主的终结性的评价，立体化评价贯穿于语言学习的各个输入输出阶段。它包括课前、课上、课后三个阶段评价，其中有学生自我评价、学生间相互评价、教师评价、网络学习评价。既有对学生学习结果的评价，也包含对学生学习能力、学习过程、学习策略、小组合作交流等内容的评价。评价的最终目的不是考核学生的学习优劣，而是帮助教师了解学生，调整教学策略，给学生及时的指导，激发学生的学习动力，激发学生自觉输入输出语言的积极性。

以往的视听说教学往往注重语言输入，忽略语言输出，即注重视听练习而忽略说的练习，学生开口说话的信心和能力不能得到明显提高。基于网络多媒体的英语视听说主题式教学能够吸纳形形色色的教学内容，增强学生学习兴趣，提高学习效果，尤其是学生理解输入的语言材料，就给定话题表达个人观点等方面的语言输出能力。当然，学生听说能力的提高是一个较长的过程，多媒体技术和网络只是提供了较好的硬件条件，与学生听说技能提高没有直接的因果关系。教师应该继续发挥主导作用，监督引导学生积极利用网络资源，充分地发挥网络多媒体技术的优势，提高学生听说能力。

第三节　大学英语机考探索与英语听说教学实践

教育部颁发的《大学英语课程教学要求（试行）》明确指出：大学英语的教学目标是培养学生的英语综合应用能力，特别是听说能力，使他们在今后工作和社会交往中能用英语有效地进行口头和书面的信息交流。在以往的大学英语教学过程中，由于受教学模式、教学方法、评估体系、教学设备等的影响，教师对培养学生的听说能力重视不够。另外，受考试指挥棒的影响，学生本身对提高听说能力的兴趣不高，因此总体而言学生的听说能力相对薄弱。为了改变这种现状，切实贯彻实施教育部的《课程教学要求》，学校对提高大学生英语听说能力做了一些尝试：增加听说课的课堂教学时间，以弥补传统课堂听说训练的不足；要求学生借助网络和多媒体进行自主听说训练；利用多媒体进行大学英语听说机考。

一、大学英语机考的优势与不足

大学英语机考的优势在于：从考试内容来看，以听力为纲，以口语为特色，更注重考查学生英语综合应用能力。"欧洲语言能力共同参考框架"将语言交际活动归纳为五大类，分别是：语言输出，即口头表达和笔头表达；语言输入，即听力理解、阅读理解和视听能力；互动活动，即口头互动和笔头互动；中介活动，即口译和笔译；非语言交际，如手势和动作。与传统的纸笔测试相比，机考在这五类语言交际活动的结合度上做得更好，特别是提供了形式多样、内容丰富的模拟语言交际活动，在视听说方面有很大突破，注重考查学生英语综合应用能力。

从考试形式来看，更多注重测试真实性和情境性，突出以人为本的理念。Bachman 指出："语言测试的真实性指目标语言使用任务特征与测试任务特征的一致程度"。从机考的选材来看，材料主要来源于 BBC、VOA、CCTV-9 等媒介，这些素材反映了人们日常生活的一些场景，也是考生在现实生活中发生或未来工作和学习中可能遇到的情况。从考查的手段来看，与纸笔测试相比，机考改变了过去的单一音频测试的方式，使单一的听力考试变为了视听考试，充分地利用音频、视频和图片为一体的多维立体信息形式形象生动地再现现实生活中的各种交际场景，唤起考生视觉与听觉的有机结合，给考生以身临其境的感觉，能较真实地反映考生在常态下的英语实际应用能力。

大学英语机考存在的主要问题在于：试题库建设：语言测试的题库不同于一般的数据库，决不仅仅只是若干试题的简单组合。试题库中的试题不仅要考虑题目的难度值，还需考虑区分度以及答案的可猜测度。题库建设是一项系统工程，是实现机考的先决条件。目前，机考试题库建设有待进一步提高。

设备问题：机考对软、硬件设备都有较高的要求（如电脑、声卡、麦克风、显示器分辨率等），评分系统也需不断地完善。随着评分系统的完善，测试题型的综合性才能越来越强，测试精度才能提高。

二、大学英语听说教学改革

（一）夯实英语基础知识

听说教学要抓好语音关，使听说结合。学好音标是学好英语的前提条件，对未来的英语学习也是一件一劳永逸的事情。听力教学不能仅仅局限在听的环节，应让学生围绕听的材料说，使听、说有机结合，相互促进。另外，学生要广泛阅读，扩大词汇量，通过阅读了解英语国家的人文、地理、历史、传说等方面的知识，养成不同场景接触不同词汇、全方位感知的习惯。

（二）采用互动教学模式

互动式教学模式以充分调动学生的主观能动性为基础，大力培养学生的自主学习能力。同时，充分地调动一切教育资源，在生生之间、师生之间、课内与课外之间、学校与社区之间建立起立体、多维、互动的关系，使学生由被动地接受知识变为主动地接受知识。这一教学方法的原理在于建立从不同侧面围绕学生感兴趣并能引起思考的共同主题，并在这一主题下把听、说、读、写、译等语言活动有机地组合起来。

（三）培养学生的良好心态

在日常听说教学中，教师可以采取多种方式，创设轻松的课堂环境。比如，在上课之前，放一些旋律优美的英文歌曲，这样可以很自然地把学生带入美妙的英语世界。教学方式多样化会帮助学生克服听力疲倦，提高课堂参与效果。此外，教师应选择一些知识性和趣味性相结合的并稍高于学生能力的材料，调动学生的兴趣，激发学生的积极性。

听说是大学英语教学的一个重要目标之一，也是大学英语教学的基础。但是听说教学也是大学英语教学的一个相当薄弱的环节。要改变这种状态，大学英语教师要不断学习，扩充与听说教学有关的知识，总结、积累有效的新型教学方式和策略，提高学生的综合听力理解能力。听说水平的提高不是一朝一夕的事情，除了教师的指导，更需要学生多方面地努力；教师和学生一起努力，合理有效地进行教与学，才能实现大学英语听力的教学目标。

第四节　网络条件下的大学英语听说应用能力培养

教育部颁发的《大学英语课程教学要求》明确指出，高校在学生英语能力培养上的教学目标是必须培养学生英语综合应用能力，特别要注重学生听说能力的培养，当学生从事工作和进行社会交往时，能够用英语顺利进行口头和书面沟通与交流。由此引发了各高校在课程设置及教学模式等方面的一系列大学英语教学改革。2012 年黑龙江科技大学定位为应用型本科院校，本科生培养方案充分考虑到英语应用能力培养的要求，教学理念转变为以学生为中心，教学模式更加倾向于个性化、合作化、自主化、网络化、立体化。在教学实践中，尤其注重学生听说能力的培养，借助于网络和多媒体从创设教学情景入手，强化基础知识及文化知识背景的输入，进而通过教学中采取师生、生生共同参与交互活动的方式让学生完成主题任务，实现体验式的知识输出，使学生在教师的指导下和同学的协助下，建构自己的知识体系，突出网络条件下的个性化、自主化学习，从而达到提高学生英语综合应用能力的目的。

一、网络条件下听说应用能力培养策略

多媒体与网络以其灵活性、开放性、交互性、迁移性与实用性等特点，成为大学英语教学的强有力的实战工具。借助于网络与多媒体设备可以将听、说、读、写、译等学习内容与语言应用有机地结合在一起，让学生既在实际运用中学习了基础知识，又在实践操作过程中综合自己对英语语言知识的理解，提高英语应用能力。网络极大地丰富了语言学习的范围，使学生从只注重语言本身，转移到注重语言学习和语言应用，培养创新能力。网络也使教学内容化静为动，化抽象为具体，优化外语教学的学习环境。

（1）利用网络素材，加强听说基本功训练，提高学生听说应用能力。外语教学的目标是社会文化能力的提升，包括语言能力、语用能力及扬弃贯通能力（即理解能力、评价能力和整合能力）。语言学习能力提高的关键是听力能力的提高，听力的作用是增加语言输入与储备。在英语教学过程中，要注重语言的输入，注重培养学生的听力理解能力，才能从根本上提高学生的语言综合能力，促进学生在交际过程中运用语言的能力。教师借助网络挑选相应的课内课外听力材料，布置听说写练习任务，使听力材料内化为学生的可理解性输出，提高英语听辨能力，创造出良好的语言环境，课内、课外交流时，循序渐进地由"中英双语"向"全英"转变。同时要注重学生英语口语练习的准确性和流利性，引导学生发音准确、流利，依托网络，给学生提供原声视频等，让学生置身于情景主题下，进行交流、讨论、辩论，教师给予修正、补充，使学生能够多角度地看待和分析问题，提升其英语应用能力。

（2）运用多媒体网络下的各种教学模式强化学生应用能力培养。任务型教学模式：采用以学生为中心，教师为指导，任务为目标的教学方法，加强学生的语言实践，教师根据授课内容，把课堂变成具体的语言模拟实践场所，教学互动。充分地利用现代化的教学辅助手段，提前给学生布置课内课外任务，采用互动式教学方法，如小组讨论、双人对话、模拟活动、表演等方式。课堂上组织学生进行各种听说交际活动，围绕主题展开讨论和辩

论，根据任务主题进行演讲、游戏、PPT展示、短剧表演等。在课堂教学中，教师的角色由传统的知识灌输者转变为任务引导者，学生的角色由被动接受者转变为主动参与者，发挥学生的主观能动性，这种由教师为中心向学生为中心的任务型教学模式的转变有助于提高学生的自主学习意识，提高学生的语言实践能力。

体验教学模式：强调英语学习是一种体验，提倡在体验中学习，将学生置于语言教学的中心，教师有目的地创设教学情境，引导学生通过合作式学习，与其他学习者之间的交流和分享学习体验，进行反思、总结，亲自去感知、领悟知识、提升能力。体验教学模式借助多媒体辅助教学，由教师创设体验情境的主题，通过角色扮演，使学生直接地感受目的语的语言和文化，激发学生的学习兴趣和潜能，从而引导学生对语言的整体理解和运用，采取小组合作学习，合作完成任务的方式。在具体实践中所使用的主要教学方法有传统讲授法、案例分析法、情景模拟法、文化探究法等。体验式英语教学的课程设置注重培养表达能力，主要特征是学生主体、亲身经历、全程参与、个体感受和意义内化，体验式教学以学生为中心，以任务为基础，学生通过具体体验来发现语言使用原则并能够应用到实际交流中。

自主学习模式：利用网络自主学习系统从多层面、多角度对学生进行听力、口语能力的培养。规定学生必须完成的内容和进度，教师通过后台进行线上管理和答疑辅导。开设英语角和英语空中大讲堂加强课外辅助学习，给学生提供更多的语言实践机会，提高学生语言综合应用能力。

二、改革评估体系，加强语言综合应用能力考核

在成绩评定中加大形成性评价比例，占学生总评成绩40%，强调评估的过程，改变了测试作为外语教学评估的主要手段。形成性评价由课内课外成绩构成，课内教学活动评价包括出勤、课堂表现、听说测试、平时测验；课外活动评价分别由作业、网络自学、英语角组成。教师多角度、多手段评估学生学习情况，对学生英语学习的全过程进行监督和管理，从而综合评定学生的英语学习成绩，充分地考核学生的英语综合应用能力。

在以培养学生实践能力和创新能力为主的应用型本科院校，大学生的英语实践能力中听说能力最为基础和必要，加强网络条件下听说能力的教学，对培养具有创新精神和创新能力的高素质人才、提高课程教学质量具有重要的意义。

第五节　网络即时通讯软件在大学英语听说教学中的运用

随着社会发展及改革的不断深入，教育现代化技术的迅猛发展，多媒体网络教学已经成为现代教育不可或缺的一部分，在大学英语听说教学中同样起着重要的作用。2004年，

教育部颁发了《大学英语课程教学要求》，其中心是把教学的目标从阅读教学转移到"培养学生英语综合应用能力，特别是听说能力"上来，并强调必须"增强学生自主学习能力"。由于大学英语教学改革取得初步成效，四六级考试在 2005 年开始采用新的计分和成绩报告方式，宣告考试改革的正式开始。在考试内容和形式上，改革突出了听力分值的增加，由此对大学英语教学产生了重大的影响。随着大学英语四六级考试改革的深入，2009 年的全国 180 所试点高校，四六级考试机考已是大势所趋。为了适应国际社会对人才的要求，大学英语的教学方式应该进行更大的调整。同时，考试改革的内容指明了一个方向，就是强调英语教学应该以学生为中心，以培养学生的英语听说能力为主。然而现实表明，由于传统的英语听力教学模式和以听力课为背景的听力理解研究滞后，英语听说对于众多大学生来说，仍然是学习及测试中最困难的部分。在网络环境下，教师恰到好处地使用即时通讯软件，充分地利用这一媒体的特点，能为学生学习创造一个相对真实的语言环境，同时能够自由充分地与学生进行沟通交流，改变"填鸭式"的传统教学模式，可以在很大程度上避免单纯地教授语言知识，根据学生的具体水平和学习生活环境，在交流的过程中发展听说能力、思维能力甚至交际能力，从而达到真正意义上的语言习得。

一、网络即时通讯软件的特点

即时通讯是指能够即时发送和接收互联网消息等的业务。自 1998 年面世以来，即时通讯的功能日益丰富，逐渐集成电子邮件、博客、音乐、电视、游戏和搜索等多种功能，是集交流、资讯、娱乐、搜索、办公协作等为一体的综合化信息平台。即时通讯不同于 E-mail 之处在于它的交谈是即时的。即时通讯允许两人或多人使用网路即时地传递文字讯息、档案、语音与视频交流。在即时通讯的众多应用形式中，QQ 无疑是受众面最广，最受青年学生欢迎的一种。QQ 除了能加强网络之间的信息沟通外，通过文字、语音、视频、文件的信息交流与互动，不但可以成为师生间的沟通工具，QQ 群更是进行教学、学习交流的有利平台。

总的来说，QQ 及 QQ 群具有以下特点：

（一）操作简单方便

相对于传统的个人主页、教学课件或是教学网站而言，QQ 及 QQ 群的优势在于简单、快速、免费和易用。可以说，目前几乎所有的大学生都拥有 QQ 号码，也经常会利用这个工具与同学和老师交流。建立一个学习交流 QQ 群也不需要烦琐的申请，技术的简化使得这一切都极为简单方便。

（二）平台资源共享性强

QQ 群空间的一个重要的作用就是可以提高信息整合量，以期达到最大限度的资源共享。不仅是群创建者，其他成员也可以将文章、音频或者视频发布在群空间里，供浏览者观看、下载，从而达到资源共享的目的。

（三）沟通实时同步，互动效果明显

QQ群的任何成员只要愿意设置接收消息，都可以在线与其他人随时进行交流互动，与此同时，他们可以就空间里的任何有关英语学习的信息进行探讨。教师作为创建者更应该积极回应并表达对学生的关注，从而实现师生间的良好互动。

二、网络即时通讯软件在大学英语听说教学中的具体运用

根据前面所提到的即时通讯软件——QQ的特点，网络即时通讯软件在大学英语听说教学中的应用有助于学生得到同等的锻炼语言的机会，从而提高学习兴趣、建立学习信心，是一种有效的教学手段。其具体运用表现在如下几方面：

（一）介绍听力技巧

根据我自身的教学经验，很多学生刚接触大学听说课时往往都有着浓厚的兴趣，四六级考试和就业的要求也促使他们对于听说非常重视。但由于缺乏一定的听力技巧，即便他们花很多工夫去听录音，看视频，效果却并不显著，其不良后果扼杀了他们的学习兴趣，使其失去学习英语的信心。教师在QQ群上介绍一些听力技巧会有助于学生提高学习效率。比如，告诉学生要学会听前预猜，即从选择项内容猜测该段对话或短文要涉及的内容，如说话人的关系、身份、场合，等等，这样就可以缩小信息范围。而抓关键词、关键句和信号词则有助于帮助理解文章的结构大意。

（二）提供听力材料

对于非英语专业学生来说，每周一次的听力课所能接触到的语言输入是远远不够的。尽管学生们如今可以便捷地利用网络去获取信息，但仍然需要教师给予适当的引导。教师可以在群空间贴上一些对英语学习有帮助的网站链接并简单介绍以帮助学生更好地选择对自己有益的信息。此外，教师还可以把符合学生水平、与他们生活息息相关、能吸引其兴趣的听力材料和四六级考试真题上传到群共享里，以供学生下载、收听、练习。

（三）介绍背景知识

上听说课时，往往会碰见这样的问题。对于每个单元的主题，总有学生不大了解，无法进行讨论，因此兴趣不高。长此以往，会造成他们失去说的兴趣甚至对听说课产生厌恶感。那么，教师就可以课前在QQ群里对下一课的主题做介绍，发布与主题相关的文章，让学生事先阅读，增强他们对文化背景知识的了解，让他们有话可说，同时通过阅读不同的文章开阔视野和思维。为了满足学生口语沟通的需要，教师还可以在帖子上给学生提供地道的口语表达法。通过Everyday English的方式，每天一帖，每帖展示两三个句子或者三四个俚语习语的用法，这样日积月累，便增加了学生的词汇量。词汇量提高了，学生的听说读写能力才能够得到提高。

除此之外，在日常交流和回复评论帖子时，要求学生尽量用英语表达，无须担心准确

性，教师对于每一个回复都尽可能给予回应，以此来增强师生间的交流，还增加了学生运用语言的机会。表面上看来，这一切都是基于书面的交流，但是由于交流中的非正式性和网络语言的随意性，学生的实际生活口语会话能力必然也能得到提高。

网络即时通讯软件能随时随地为学生提供丰富多样的语言材料、真实生动的语言交际情景，在很大程度上优化外语教学资源与环境，提高个人学习效率，增强教学效果，对于大学英语听说能力的培养起到了促进作用，对于教师自身素质也提出了更高的要求。只有把网络技术与传统的教学的手段恰当地结合起来，各取所长，互相补充，才能最大限度地增强教学效果。

第六节　网络环境下大学英语听说作业的创新设计和评价

教育部《大学英语教学指南（试行）》（2017 年）（简称"指南"）指出，大学英语的教学目标是培养学生的英语应用能力，增强跨文化交际意识和交际能力，同时发展自主学习能力，提高综合文化素养，使他们在学习、生活、社会交往和未来工作中能够有效地使用英语，以满足国家、社会、学校和个人发展的需要。为了实现这一目标，近年来，大学英语从教材到课程的设置等诸多方面，都有了明显的改变；但作业作为反馈的重要形式之一，却鲜有提及如何改进其设计形式和评价方式。特别是当下，全国的大学英语课程的学分都在压缩。很显然，课时的不断减少压缩了学生在课堂学习的时间，那么课后作业就应当受到重视，以弥补课时的不足。所以，我们可以通过作业的布置培养学生良好的自主学习习惯和综合运用语言的能力，根据学生的特点设计出多元的、开放式的作业，并结合网络使其内容更加丰富、有趣，评价也更加多维、客观。

一、大学英语听说作业设计和评价的现状分析

（一）大学英语听说作业设计形式的现状分析

互联网的发展给今天的大学英语听说作业设计带来许多便利：信息获取的渠道更多，收发作业形式的选择也更多。但是，作业的现状却不尽人意，未能发挥其对教学的反思和促进作用。笔者对相关话题进行搜索和整理，发现对大学英语作业的研究论文和期刊甚少，为数不多的也就听说方面进行研究。但可以明确的是不管是何种类型的作业，目前的作业设计现状都包含以下几个方面的不足：其一，作业内容单一、乏味，设计随意。唐姬霞认为，由于缺乏有力的理论指导，教学目标不明确，导致布置作业的内容和形式单一，不能真正地提高学生的学习自主性和调动学生学习的兴趣；金怀梅认为，由于教师教学、科研压力大、工作烦琐等原因，使得教师没有足够的时间和精力科学地设计作业，只是一味地让学生完成课后练习。其二，书面作业多，实践性作业过少。教师过分地重视识记能力的

考察，而忽视了对学生理解、分析、综合应用等多种能力的培养。其三，独立完成作业多，合作完成作业少。此外，李静发现，多数教师布置作业匆忙，导致学生无法领悟作业与上课内容的联系。

（二）大学英语听说作业评价方式的现状分析

首先，批改作业是教学中不可缺少的重要环节，通过作业的批改，教师可以掌握学生的学习情况，并对自身的教学进行反思和改进。可以说作业是弥补大学英语大班教学的效果不理想情况下，教师与学生之间沟通的重要方式之一。但实际情况是批改作业占据了教师大量的时间；学生对老师批改回来的作业也不能认真地对待，几乎零反馈；而且许多老师没有足够的时间及时批改作业。其次，作业批语就是教师情感输出的重要载体，它体现教师对学生作业的意见和态度，体现教师对学生学习成果的认可或否定。而目前大多数教师因为时间的紧迫和批改量较多的原因，批语普遍比较单一，缺乏生动性。并且，大多数教师对作业的评价比较传统，主要以教师为主导，学生处于被动的地位。

二、互联网环境下大学英语听说作业设计形式的革新

网络环境给大学英语听说作业带了许多新颖的元素，我们可以让学生使用电脑或手机完成作业，也可以利用网络与教师和其他同学进行探讨。本节中，笔者将从教师备课、给学生设计预习、课中和课后作业四个方面探讨利用网络环境改进大学英语听说作业的设计和布置。

（一）利用网络环境改进教师备课

为了避免作业布置的随意性，教师在备课时应精心设计作业这一环节，在课上留下合适的时间让学生能够完全听懂所要做的作业和要求，从而让学生认识到作业的重要性，增强作业的有效度。因此，教师需要提前完成作业的设计，仔细揣摩，设计出适合当下学生的作业。如今，有了网络的便利，笔者一般都会在每一新学期的第一周以电子邮件的方式给学生发送一份本学期作业内容进度表，学生需要根据此进度表在规定时间内完成并发送作业。有了这份进度表，学生可以在学期初就对本学期需要完成的作业有大概的认识，也就会相对减少学生在课上来不及抄录作业要求或听不懂作业内容的问题。

（二）利用网络环境改进课前预习作业设计

以往的听说课程的预习作业主要以预习即将学习的单元中的单词为主，或是教师简单地要求学生预习单元的话题等。这两种方式均过于单一或目标不明确，在实际情况中教师也很难掌握学生的预习情况。因此，明确目标、细化要求的预习任务是十分必要的。人获取的各种信息中有 83% 的信息是通过视觉获得。网络以有声语言和文字说明，图、像、文、声并茂，容易吸引学生的兴趣完成作业。以笔者教授的课程教程《新视野大学英语听说教程》(第二版)(第二册)Unit 7 What's in fashion？为例，笔者给学生布置的预习作业中

关于单词的部分涉及两个方面：一是搜集表达"时尚的"的单词或短句、如何形容某人"有气质""会打扮"等；二是搜集关于不同类型的"衣服""裤子""裙子"等的表达；关于话题分享方面的部分是要求学生分享一位自己心目中时尚的人，并附上照片，以供课堂讨论。单词的预习作业设计的初衷是帮助学生通过网络拓宽意思相近的单词的储量，使他们在课堂中能及时地运用新的单词参与课堂讨论。除了单词的预习，观看相关视频的预习作业也是不错的选择。同样以笔者所教授的课程教材《新视野大学英语听说教程》（第二版）（第三册）Unit 9 What mode of travel do you prefer？为例，根据单元中关于"中国高速铁路、高速火车"这一话题，笔者在网上搜索了许多纪录片，最终锁定 Tales From Modern China《你所不知道的中国》（第一集）作为学生的预习作业。原因有三：一是需要考虑学生的知识水平、语速、语音、所选的词汇是否多数学生不看字幕或仅看英文字幕就能看懂；二是所选的视频内容所拍摄的时间最好是与当下接近的，符合中国高铁发展近况的；三是视频的资源应当丰富，是方便学生自己通过名字进行搜索的。

（三）利用网络环境改进课堂作业设计

课堂作业的功能可以表现在两个方面：一是对预习作业的检验和延伸，使学生能够在课堂中运用自学的新知识；二是对课堂内容的复习或提升，使学生能够更深入地思考相关话题，分享自己的观点。首先需要说明的是，虽然笔者所教授的是听说课程，但这并不局限作业的形式必须是听力或口语练习。例如笔者在教授《新视野大学英语听说教程》（第二版）（第四册）Unit 2 Beauty can be bought 之前给学生提供了两部来自 BBC 的纪录片 Plastic Surgery Capital of the World《世界整容之都》和 The Secret of South America：Extreme Beauty Queens《南美洲的秘密：选美皇后》作为预习作业，并在课堂上所有的听力练习和口语练习完成后，笔者给学生们布置了五分钟的写作任务，即要求学生在五分钟内写出不超过 50 个字的关于"美是什么"的定义句。通过此次课堂作业，教师发现大多数学生都能主动地运用本单元所学的新的词汇和其他表达，描述定义的出发点也不再像课程之初预热环节的"头脑风暴"中表述的那么片面，更有部分学生能够发表一些富有哲理、发人深省的观点。

其次，积极利用手机等移动设备融入课堂作业也是一种新鲜的尝试。作为（Digital Natives）"数字原住民"的"80后"甚至更年轻的一代人，一出生就处于一个无所不包的网络世界，对于他们而言，网络就是他们的生活，数字化生存就是他们从小就开始的生活方式。因此，这一代人获取信息的主要渠道是网络，解决作业中遇到的难题也更倾向于选择"百度"等搜索引擎。根据这一特点，笔者在教授《新视野大学英语听说教程》（第二版）（第四册）Unit 8 Is Biotechnology Our Friend Or Enemy？单元中关于"克隆"这一话题时，要求学生以组为单位，在 5 ~ 8 分钟内"百度"一番"克隆羊多莉"的信息，并选派一位组员代表口头回答教师预留的问题。笔者设计这一课堂作业的出发点是基于教材的练习内容属于说明文性质，比较枯燥。试想如果从某一著名的案例出发，以点带面是否能够提高学生的参与度？从课堂的反馈来看，是达到了预期效果的。而且通过对网络信息的检索、筛选到学生自己的知识消化，再到口头陈述，本身就是对学生自学的一种训练方式，符合当下学生的学习习惯。

（四）利用网络环境改进课后作业设计

自从电子邮件、QQ广泛运用于教学特别是作业的收发，网络在作业布置中的作用愈发重要。但是，简单地利用网络收发作业仅仅是将书面作业转变为电子作业，换汤不换药，没有什么实际的效果。如果能够合理地利用网络资源和技术改进课后作业的设计和反馈，就可以增强作业的实效性，甚至提高学生的学习参与度，并起到一定的监管作用。

1. 利用网络环境辅助口语训练

大学英语大班教学的无奈造成了课堂口语训练时间严重不足、学生参与度低、缺乏主动性等现实情况。英语听说资源虽已数字化，但是缺乏组织性、系统性。任何语言的学习都不能缺少语言环境和交际，因此利用网络环境辅助口语训练是解决这一问题的有效途径之一。

例如，笔者在教授大学一年级新生的第一堂课往往是复习音标和训练学生容易混淆的发音等练习。课后，笔者以班级为单位建立若干QQ群，发表了课上列举的所有易混淆的发音练习题，并利用网络在线美音或英音的识读软件提前录制这些发音，同时准备三种类型的课后作业：易混淆单词发音练习、句子发音练习和一段较长的段落或英文绕口令。学生在完成模仿练习后，可以根据自身情况选择其中一种课后作业或完成所有类型的课后作业，并录音分享到群里或与教师私聊。通过这次作业，学生可以找出自己与标准发音之间的差异，不断地自我纠正，克服因母语或地方口音带来的困扰。同时，笔者发现虽然第三种类型的英语绕口令较长，但是选择完成这一类型作业的学生占了很大的比例，从中我们可以看出有趣的、学生能够自己选择的作业对于培养学生的自信心是很有帮助的。

2. 利用网络环境促进师生协同合作

我们可以利用网络技术促进师生之间的协同合作，并有效地监管学生课后作业的完成情况。如今，微信或QQ都可以通过手机登录操作，这也为教师监督学生的课后作业带来了便利。比如，笔者在教授《新视野大学英语听说教程》（第二版）（第四册）Unit 2 Beauty canbe bought 时，设计了一份小组课堂展示（OralPresentation）的课后作业。此作业要求学生通过调查问卷的方式进行，调查问卷分为客观题（20～25题）和主观题（1～2题）两部分，客观题需使用李克特量表方法，并回收有效问卷至少30份。学生根据调查问卷的结果制作一份Power Point研究报告，报告要求时间控制在五分钟左右。每一阶段完成后，都需要及时将这一阶段的作业传给教师，教师根据作业情况给予反馈，完成此次作业总共需要三周。所有作业中遇到的任何问题，学生都可以在群里和教师直接沟通。比如，有的学生会问使用李克特量表方法，为什么设计的问题一定是陈述句？这说明学生并没有理解什么是李克特量表方法，也没有上网搜索相关信息。从这一问题，教师可知该生没有理解作业要求，也缺乏自学的主动性；再如，有的学生会问课堂展示时间可否延长至 8～10 分钟？因为他们试讲后发现时间严重不足。从这一问题，教师可知这部分学生的研究报告内容可能涉及范围较广，未能就某一点引发深入的思考，或是文案描写过于细致，缺乏归纳的能力。种种问题教师都可以通过手机作出及时的反馈，并给出合理的建议。除了小组课堂展示作业，笔者还曾设计过小组录制微视频的作业。同样地，教师在此过程中仅仅充当引导者和学生是否达到小组要求等的监督者。学生作为作业的主体，需要进行多角色的扮演，并充分与组内其他成员进行沟通交流才能共同完成此次作业，同时，也是每个组员个性化的聚集。因此，让教师参与学生的作业，不仅保证了作业的质量，还增进了师生之间的情感沟通，网络的便利正使得这种方式更及时、有效，课堂气氛也会随之变得活跃起来。

3. 利用网络环境辅助学生自主学习

大学生自主学习能力不足始终是影响学生学习效果的关键因素之一，如何利用网络环境辅助学生自主学习是笔者认为值得思考的问题。同样以口语训练为例，缺乏英语学习情境是学生口头表达能力较差的主要原因。尽管网络为学生提供了各种各样丰富的语音或视频资料，但是由于学生缺乏筛选和判断的能力，自学的效果不明显。这就需要教师设计不同难度的自学作业，帮助学生逐渐养成自主学习的能力。例如，模仿被认为是最好的口语训练方式之一，笔者就根据模仿的难易程度给学生布置了三种阶梯难度的作业。第一级：要求学生在听完某一短句或长句之后直接复述原句；第二级：要求学生在听完某一句子或段落后根据时态要求复述原句；第三级：要求学生在听完某一段落或短文后总结复述。同时，在完成以上要求后，可以不看原文，仅靠听进行复述。学生依然可以根据自己的口语水平选择适合自己的作业，一段时间后，教师将根据学生的作业情况，为学生安排下一等级的自主学习内容。

四、网络环境下大学英语听说作业评价模式的革新

通常情况下，课堂评价的主体是教师，学生很少有机会参与进来。如今，网络和手机的发展为我们搭建了很好的平台，只要合理使用，就可以最大化地发挥其强大的功能。例如上文提到的写一句定义的课堂作业，笔者根据学生的作业情况，从中选出 10～15 句立意新颖、表述清楚、没有语法错误的句子（均以匿名方式呈现），录入"问卷星"的投票工具，在下一节课之初，学生通过手机扫描二维码，进行投票，票数排名前三位的学生可获得平时分的加分，并分享自己是如何完成这一定义的。在这一评价设计中，教师作为把关者，对提供的评价内容进行筛选，保证内容的质量；而学生作为评价的主体，积极参与到评价环节，学生的表现是积极的、投入的、认真的；排名前三位的学生通过阐述如何写出这一定义句，表达了自己的写作思路，也锻炼了口语能力。

此外，利用网络将学生自评或互评的成绩纳入作业评价也是一种新鲜的尝试。作为已

成年的大学生，对自我缺乏独立的批判意识，只是习惯于被动地接受教师的评价，笔者认为是不利于自我认知发展的。通过自评或互评，评判双方在认知上的差异就会显现出来，这些差异就是重新构建自我认知、不断发展完善的有效途径。例如，笔者给学生布置课堂展示作业（O-ral Presentation）时，会提供一份评分标准，以便于学生了解教学要求。课堂展示作业开始前，教师已将评分标准表和细则录入"问卷星"，在每一小组课堂展示作业（Oral Presentation）结束时，每一小组使用手机对自己所在小组和其他小组进行评分，并给出相应的评语。所有的评分和评语都是公开的，可供所有学生随时查阅。选择利用网络而不是直接让学生进行口头评价的出发点是：①相较于面对面地指出对方的优缺点，网络环境下成长的一代更喜欢通过网络发表观点，而且往往语言更加犀利；②学生查阅互评的结果是匿名的，即使有的语言过于有针对性，学生也不知道评价者是谁，能够保护学生免受情感伤害；③大学一、二年级的学生仍处于学习阶段，相较于近年来流行的慕课（MOOC）的学员，他们是缺乏阅历和经验的，面对面的口头评价获得的价值反馈并不高。

总之，不论利用何种网络技术让学生参与评价的方式都与教学理念中倡导的，学生不仅是学习的主体，也是评价的主体的理念是相符的。同时，在一定程度上体现了个别照顾和个性化的教学思想。

五、需要注意的问题与建议

不论是对大学英语听说作业的创新设计还是评价，在实际操作中都会遇到这样或那样的问题，教师需要及时解决问题并不断反思，改进同类作业的不足之处。但是，设计的初衷还是应当坚持如下几点的：

（一）紧跟时代发展，选材贴近学生生活，且不局限于教材的内容

笔者所教授的《新视野大学英语视听说综合教程》（第二版）已是七年前出版发行的教材，某些话题设计的练习内容也相对比较陈旧，或是这几套教材之间的部分话题有重叠性。这时，就需要教师适当补充适合的材料，激发学生的学习热情。例如第四册第七单元 What shall we do when there's nothing to do？的听力练习主要围绕室内和室外休闲运动，两篇内容提及了旅游。这与之前的话题略有重复。笔者在之后的练习中发现有一篇听力材料说的是沉迷于网络或游戏的话题，于是就从这一切入点，与学生分享"如何在游戏中学习英语""如何平衡网络世界与现实生活的关系"的通识教育话题，课堂的反馈十分理想，达到笔者的预期。

（二）布置作业的目的除了用于检测学生的识记能力，更应当承担引导学生掌握一些学术研究能力的功能，并兼备实用性

例如，笔者布置的小组课堂展示作业需要学生完成三个阶段的作业，即设计调查问卷、发放回收统计结果、制作 Power Point 和课堂展示。而设计调查问卷时要求学生遵守的李克特量表方法就是目前调查研究中使用最广泛的方法。在收集完数据后，还需要使用

SPSS 数据分析软件对结果进行统计分析，所有的这些过程很可能在学生将来撰写毕业论文的时候会再次经历。幸运的是，网络的发达已经不需要我们学会使用 SPSS 数据分析软件，有的网站已经提供了这项服务。第三阶段的课堂展示（即口头报告）无疑是当今社会各类企业较为喜欢使用的一种成果展示的形式，而将调查问卷分析与其相结合，笔者认为也是对学生今后工作的一种预演。

（三）评价形式多元化，评价设计标准化

无论是师生共同参与评价，还是学生自评或互评，都应该有一份非常明确的、细致的评价设计。评价表应当同作业一起发送给学生，并做好清晰的解释，让学生明确作业要求和评价标准，使学生可以根据评价标准规范自身或他人的作业，以期提高作业的质量。

（四）网络监管需要教师的坚持与投入，保证适当的监管频率

笔者认为，网络监督也是评价学生作业和自我反思的一种手段，只是这会占据教师许多额外的时间和精力，需要教师具备奉献精神。在实际操作中，笔者认为教师可以设置具体的时间段，不在某一时间段内的提问可以不予回答。

诚然，大学英语课程是高校传播通识教育的重要阵地之一，在大学英语通识教育过程中，要想设计一份优质的听说作业或全面、客观的评价绝非易事，也需要教师更多的付出。互联网的发展为我们提供便利的同时，也提供了更多的选择和挑战，如何利用互联网融入大学英语听说作业的设计和评价是我们当代教师需要思考的问题。本节仅就笔者近几年的尝试提出了一些思考和建议，尚不完善，仍需要在实践中不断地摸索、逐步改进。

第九章　线上线下融合式的高校英语教学

第一节　英语专业听力课程线上线下混合教学

近年来，在国际交往日益频繁、国际交流合作日趋深入的新形势下，英语听力的重要地位不断凸显。然而，目前传统的英语专业听力教学模式，受到时间和空间的限制，已不能满足社会发展对英语人才的需求，改革英语专业听力课程教学模式已经迫在眉睫。本节旨在探讨如何利用现代教育信息技术和网络平台，将线上网络教学与线下传统教学有机结合，尊重学生个性化的发展，提高学生的英语听力能力。

新《英语专业教学大纲》，要求英语专业学生能听懂真实交际场合中各种英语会话。可目前，传统的英语专业听力课，课时有限，一般为每周两节课；且教学模式单一，教学过程一般为"放音—对答案—讲解—再放音"。在这个模式中，学生的课堂学习时间十分有限，且始终处于一种被动状态，听的内容、数量和场地都由教师操控。学生不能根据自己的水平选择学习内容，不能自我控制学习进度。学生的自主性、个体差异性和创造性不能显现和有效地发挥。学生长期处于被动学习的状态，极易产生心理疲劳和枯燥感，教学效果受到很大影响。这样的教学模式，已经不能适应社会发展对英语人才的需求。教育部印发《教育信息化"十三五"规划》，鼓励教师利用信息技术创新教学模式，支持西部高校开展在线开放课程线上线下混合式教学改革。本节旨在研究英语专业听力课程，线上与线下有机结合的混合教学策略，进一步提高学生的英语听力能力。

一、混合教学模式建构的理论基础及可行性分析

线上线下混合教学的定义。线上线下混合教育是指线上教育（网络教育）与线下教育（传统学校教育）的整合式教育模式，通过两种教育模式的优势互补，达到教育模式的改造，并实现教育教学水平的大幅度提升。线上线下互动教学模式是一种线上数字化在线教育与线下课堂教学相结合的教学方式，其目的是借助在线教学资源与信息技术促进课堂教学，以取得良好的教学效果。

理论基础："输入假说"。依据美国语言学家 Krashen 的二语习得"输入假说"，学好一门外语，需要有"足够的输入量（Enough Input）"。大量的语言学习材料是学习语言的重

要条件，当学生对材料的学习达到一定数量时，学习者对语言的使用才能有质量上的提高，才能灵活地使用所习得的语言。而目前传统的英语专业听力教学，受时间和空间的限制，学生缺乏足够的语言输入量。没有"量"的保证，就无法达到"质"的飞跃，更谈不上"灵活的运用"。因此，线下传统听力教学，需结合线上网络学习平台，突破时间和空间的限制，在课前和课后，根据不同学生的学习水平，提供不同难度、不同题材、多元化的听力学习资料，让学生可以依据自己的听力水平、学习兴趣及时间安排，选择适合自己的听力学习材料，自主能动地进行英语听力练习。

混合教学模式可行性分析。教育部印发《教育信息化"十三五"规划》，鼓励教师依托信息技术营造信息化教学环境，促进教学理念、教学模式和教学内容改革；推进信息技术在日常教学中的深入和广泛应用，适应信息时代对培养高素质人才的需求。当前，移动多媒体已十分普遍，学生的手机可以上网；且大学校园内大多都设有无线网及数字化校园，教室也可以连接网络，这使得线上线下混合教学成为可能。

二、线上线下混合教学的衔接策略

课前（线上网络平台自学预习）。课前，老师将听力课程的总体教学计划和具体授课步骤，上传到在线网络平台，以便学生了解该课程的总体要求和教学内容。在每个新单元之前，给出导学建议；并将与该单元课程相关的教学背景资料、音频、视频等上传到平台，学生可以在课前自主预习。对于教学重难点，教师还可制作微视频，上传到平台。学生在课前线上预习时，还可将有疑问的地方，在平台留言，以便老师在线下课堂教学上统一讲解。

教师在平台所上传的听力资料的难度，应遵循"i+1"原则。据 Krashen 的"输入假说"，最佳语言输入效果，不仅需量大，还必须是可理解的、有趣的，其中可理解性尤为重要。克拉申用 i 表示学习者的现有语言水平，1 表示略高于 i 的水平，强调听力材料的难度不应该超过学习者的现有学习能力，但又要略高于学习者现有能力。若听力材料全部是学习者能够理解的内容，将无法激发学习者的学习兴趣；但若听力材料完全超出学习者的理解范围，又会使学习者产生焦虑情绪，阻碍听力学习的正常进行。因此，教师要选择难庌适中的听力教学材料来激发学生的学习动机。

课中（线下传统课堂教学）。经过课前线上预习自学，学生已经比较熟悉听力课上将要学习的教学内容。在线下的传统课堂教学中，老师的任务主要有如下三点：其一，对学生听力策略及技巧进行训练。引导学生掌握读题干、找关键词、预测问题、做笔记等基本的听力技巧。其二，在课前已有的大量"语言输入"的前提下，引导学生进行"语言输出"。20 世纪 80 年代后期，Swain 提出了"输出假说"：输入是输出的前提和物质基础，但仅仅依靠输入还不足以内化所学的语言规律，只有通过输出才能促进输入的语言转化，进而形成学习者自身的语言系统。在课堂上，老师可以通过问答、角色扮演、故事复述、小组讨论、辩论、演讲等输出活动帮助学习者进一步提高表达的流利程度和正确性。其三，老师在线下传统课堂教学中，应解答学生在课前线上预习时所提出的问题。

课后（线上作业完成及拓展性听力训练）。课后的线上网络平台学习任务，主要有如下三点：其一，老师将与课堂所学知识点相关的练习，上传到网络平台，学生在线完成课后作业；并复习课堂上所学知识点。其二，教师可将与课堂所听材料有关的深层问题，上传到网络平台，供学生思考和在线讨论。其三，教师可在平台上传视频、音频等听力资料，供学生进行拓展性听力训练。

三、线上线下混合教学的意义

自主学习能动性的提高。线上线下混合式教学，突破了时间、空间上的制约。只要在有网络连接的前提下，学生可以根据自己的时间安排，在任何地方，选择适合自己学习水平的、自己感兴趣的听力材料，进行自主学习，极大地提高学生的学习能动性。

大量有效的"语言输入"+行之有效的"语言输出"。依据美国语言学家 Krashen 的二语习得"输入假说"，学好一门外语，需要有"大量有效的语言输入"。线上线下混合教学模式，以保证英语专业学生的"语言输入"，为"量变达到质变"提供了条件。据 Swain 的"输出假说"：仅仅依靠输入还不足以内化所学的语言规律，只有通过输出才能促进输入的语言转化，进而形成学习者自身的语言系统。在线下的传统课堂上，老师通过一系列的输出活动，帮助学习者进一步地提高表达的流利程度和正确性。大量有效的"语言输入"+行之有效的"语言输出"，保证学生良好的听力学习效果。

线上+线下（充分发挥各自优势）。线下传统的课堂教学，受时间和空间的限制，学生的"输入量"远远不够，且不能有效发挥自主性、个体差异性和创造性。单一的线上网络平台学习，学生缺乏与老师面对面交流的机会，缺少老师的监督，也缺乏足够的情感支持。

而将线上线下结合起来的混合式教学模式，发挥了两者的优势，规避了两者的局限性，最大限度地提高了教学的质量和学生学习的效果。

国际交往日益频繁、国际交流合作日趋深入的新形势，凸显了英语听力的重要地位。传统的线下课堂教学模式，受到时间和空间的限制，已不能适应社会发展对英语人才的需求。而单一的线上教学模式，也有其局限性，如师生缺乏面对面的交流，学生缺少老师的监督和情感支持等。当前的新形势，使得线上线下相结合的混合教学模式，成为可能，也成为必然。线上线下的混合教学，尊重学生的个体差异性，充分地发挥其自主性和创造性，提高其独立学习的能力和英语听力水平。线上线下的混合教学，给英语听力教学带来了新的机遇，全方位提升了教学效果和学习体验，促进教育信息化的深入发展。

第二节 线上线下混合式英语教学改革与慕课的关联

随着经济与科技的发展，线上线下教学凸显其重要性，大学英语写作教学迎来更新的挑战。慕课的到来为大学英语教学改革提供了一个新的平台。这些线上慕课弥补了传统教育僵化、刻板、缺乏创新性的弊端，共享了高等教育资源，对推进高等教育资源的大众化产生了重要影响，对于培养各类人才尤其是经济型人才起着重要作用。

一、慕课的概念

慕课含义为"大规模网络开放课程"，我国学者焦建利教授将它译为："慕课"可谓绝妙，有全世界学者慕名而来共同上课之意。360 百科对它的定义为："新近涌现出来的一种在线课程开发模式，它发展于过去的那种发布资源、学习管理系统以及将学习管理系统与更多的开放网络资源综合起来的新的课程开发模式。"维基百科对它的定义为："大规模开放在线课程是一种针对大众人群的在线课堂，人们可以通过网络来学习在线课程。慕课是远程教育的最新发展，它是一种通过开放教育资源形式而发展来的。"作为一种教育和技术的结合，目前全世界慕课的三大学习平台为 Coursera、Udacity 和 edX。这些平台免费注册，面对全世界的学者开放，向全世界的学者提供顶级大学的精品课程，这些课程以视频的形式呈现，辅以作业、讨论、评价以及师生、生生互动。学生可以根据自己的兴趣和需求自由地进行在线学习，在学习结束后还可以得到相应的证书。慕课的教育理念实现教育资源的共享，促进教育公平并满足了人们终身学习的需求。同时，大学英语写作慕课具有慕课特点，主要具有大规模性、开放性、互动性和即时反馈性的特点。

二、国内外慕课研究综述

（一）国外慕课研究综述

作为一种新型的教育模式，慕课的真正崛起在最近的几年。慕课的前身是美国犹他州立大学的课程"开放教育导论"和加拿大里贾纳大学的课程"社会性媒介与开放教育"，这两门课程的突破性在于邀请世界各地的著名专家学者远程参与课堂的教学活动。2008年，美国教授 Dave Cormier 与 Bryan Alexander 首先提出了慕课这个概念，并创建了第一个慕课课程，此后，大批的学者和教育家都采用了这种开放性的课程模式，纷纷在多所知名大学中开设了网络公开课，并大获成功。2011 年底，斯坦福大学的教授 Sebastian Thrun 与 Peter Norvig 面向全球联合推出《人工智能导论》的免费慕课课程。课程一经推出，立刻吸引了全世界 16 万人注册学习，这一课程得到了教育界的广泛赞誉，为高等教育的大众化和国际化作出了重要贡献。

《人工智能导论》慕课课程的巨大成功让全世界的高等教育看到了新的希望，慕课在全球迅速引爆，几乎所有的著名学府如哈佛、麻省理工、普林斯顿、宾夕法尼亚大学等都对慕课充满热情，积极投身于这场新的教育革命，使得慕课短时间内席卷全球教育界，成为高等教育提高教学质量和社会影响力的重要手段之一。鉴于2012年慕课发展的盛况，纽约时代周刊将其评价为"慕课之年"。慕课的力量和前景同时也吸引了很多技术公司的关注，他们和这些著名高校合作，推出了很多开放性的慕课学习平台。

（二）国内慕课研究综述

作为一种新兴的教育模式，慕课自2012年引爆全球后也引起了我国的教育者的广泛关注，对于慕课的研究有了初步的进展，涌现出大批以慕课为主题的文献，尤其是当《2013慕课白皮书》在《中国教育网络》发表后，我国对于慕课的研究进入一个全新的、蓬勃的时代，对于慕课的理论研究取得了丰硕的成果，不同的学者和教育者从不同的角度对慕课进行了分析和探讨。据研究表明，我国对于慕课的研究成果主要集中在以下几个方面：首先，对于慕课理论的研究；其次，探讨慕课对于我国高等教育的影响和作用；再次，慕课对于我国不同教育层次和学科的应用；最后，慕课三大平台以及我国国内的平台。从这些现有文献来看，我国关于慕课的研究还都主要集中于理论和高校的教改方面，而有关慕课在教学中的具体实践以及实用性的相关实证研究则少之又少。因为慕课是一种高质量的课程资源，又因为它是一种成型的学习模式，所以慕课在极短时间内迅速被传播，在大范围内被大量学习者所接受。影响范围大以及具有大规模、在线、开放三大特点的影响，佳木斯大学的教师也开始关注慕课，研究其起源、定义、分类、构成因素、使用平台、教学模式、有利条件、发展现状、对传统教育及教师的影响。当前，大多数对于慕课的研究只是停留在理论基础，缺乏实证研究，缺乏对实践方面的关注。与211、985那些高等学校相比，佳木斯大学作为一般本科院校在教学资源、教学设备相对薄弱，同时由于学生人数多，一线教师少，教师资源学历相对较低等因素。佳木斯大学从实际出发，积极推进和尝试慕课、翻转课堂等教学方法，深化课程信息化改革，佳木斯大学慕课学习者中，有近半数的学习者会参加一门或两门的慕课学习，在这些学习者中，依靠慕课学习而获得证书的极为少数。广大学生选择慕课学习的动机是和他们的个人兴趣相关，而与是否能得到证书无任何关系。学生以自我实现为主要学习动机，他们的需求、兴趣是他们进行慕课学习的原因。所以广大学生对于慕课的主讲教师、学历、职称不是特别在意。目前，从佳木斯大学学习者可以看到通过慕课的学习，可以大大地提高学生的学习兴趣及自主学习的能力。

三、混合式英语教学改革与慕课的关联性

随着互联网时代的进一步发展，网络教学的逐步展开，慕课的到来为大学教学改革提供了一个新的平台，优质的教学资源得到共享，也为大学英语教学改革带来了新的机遇与挑战，笔者运用了关联主义学习理论和建构主义学习理论，因为慕课学习属于基于网络环

境的碎片化的学习。但学科知识又是有体系的，因此就要把相对零散的知识关联在一起构成一个统一的整体。所以关联主义学习理论是本研究的一个理论基础。同时，慕课学习是在广阔的学习情境下，通过与老师和同伴的交流与合作随时随地进行自身知识的构建。因此，建构主义学习理论是本研究的另一个理论基础。以"佳木斯大学校本研究"为切入点，以佳木斯大学英语写作慕课作为研究内容，在"关联主义"和"建构主义"两大理论的指导下来探究大学英语写作慕课对培养学生写作能力的有效性。

国内对慕课的研究还处于探索阶段，理论研究多于实践研究。实践研究主要集中在中国几大著名慕课平台。语言类的慕课开课更少，以中国国防科技大学的写作慕课为代表。但是其写作慕课主要针对大学英语专业学生、高年级非英语专业本科学生或研究生，同时讲授的内容是自成体系的写作课程，与现行大学英语本科教材联系不紧密，不利于低年级学生的学习。针对以上问题，佳木斯大学公共外语部创建了自己的《大学英语写作》慕课，所授写作技巧与讲授的《新视野大学英语读写教程》紧密相连，慕课视频可以作为大学英语翻转课堂的视频材料。因此，本研究的目的是验证《大学英语写作》慕课对提高学生写作能力的有效性，同时以此来弥补现有大学英语慕课实证研究的不足。在《大学英语写作》慕课学习过程中，大多数学生能够顺利完成《大学英语写作》慕课。一部分学生辍学的原因首先主要由于未跟上课程进度；其次是课程偏难，没有坚持的动力。在学习《大学英语写作》慕课过程中，最大的收获是扩展英语写作知识和提升英语写作技能。

随着科技的发展与教育教学理念的更新，大学英语教学中写作教学迎来了机遇和挑战，在信息技术的帮助下，传统课堂教师讲授转变成当今以慕课为代表的网络环境下的教学。大学经历十几年的改革，英语写作问题日益突出，是阻碍学生过级考研的障碍，编者利用了关联主义和建构主义学习理论，通过频数统计、单因素方差分析、独立样本检验和配对样本 t 检验的量化研究方法对佳木斯大学四个实验班 201 名学生进行问卷与写作测试收集的数据进行分析。

通过问卷调查得出结论，研究对象中 97.5% 的学生使用智能手机，48.4% 的学生选择手机为数字化学习工具，78.1% 的学生愿意尝试把数字设备用于学习，78.1% 的学生认同并愿意实践于数字化学习，55.8% 的学生愿意以视频的方式进行数字化学习。

配对样本 t 检验显示，《大学英语写作》慕课能够提高学生的写作水平（$t=-8.982$，$d_f=200$，$P < 0.05$）。

独立样本 t 检验结果显示，男生和女生在《大学英语写作》慕课的学习行为方面没有显著差异；男生和女生在《大学英语写作》慕课学习中获得支持方面没有显著差异；男生和女生在《大学英语写作》慕课学习体验方面没有显著差异。

单因素组间方差分析结果显示，高分组、低分组和中间组在学习行为方面没有显著差异；高分组、低分组和中间组在获得支持方面没有显著差异；高分组、低分组和中间组在学习体验方面没有显著差异。

《大学英语写作》慕课学习体验调查问卷数据统计分析结果显示，研究对象中 56.7%

的学生之前不了解慕课；72.2% 的学生是通过教师推荐对慕课有所了解；24.9% 的学生根据自己的兴趣来选择慕课；在慕课学习过程中，47.3% 的学生利用笔记本进行学习，36.8% 的学生利用手机进行慕课学习；在慕课学习过程中，39% 的学生选择在寝室学习，21.7% 的学生选择在图书馆进行学习，选择自习室学习的学生占 19%；在慕课学习过程中，88.1% 的学生能顺利完成《大学英语写作》慕课学习，35.2% 的学生由于未能跟上课程进度而辍学；43.8% 的学生认为慕课视频时长应在 10 ～ 20 分钟为好。

在《大学英语写作》慕课学习过程中，学生遇到的主要障碍是没有学习过必要的基础知识、缺乏学习动力、遇到的困难得不到及时的反馈、不能坚持学习；学生完成慕课学习后的主要收获是扩展知识或提升技能、增加学习兴趣、增强自主学习能力；慕课需要改进的方面主要有增加教师与学生的互动、增加配套汉语字幕、利用慕课进行线上线下翻转课堂教学。

第三节　线上线下融合式的高校英语教学实践

一、研究背景

在移动互联网和各种在线教育课堂深入日常生活的大背景下，随着国际工程教育认证的全面铺开，理工类高等学校的课堂教学也应顺应时代的发展，利用"互联网＋"平台和线上资源，基于"产出导向法"理论，采取线上线下相结合的混合式教学方式，注重数据通信与网络课程的辅助，采取新的大学英语教学模式，有效地进行国际化沟通交流。

在中国工程教育专业认证背景下，《工程教育认证标准》中第一项通用标准的毕业要求：能够就复杂的工程问题与业界同行及社会公众进行有效沟通和交流，包括撰写报告和设计文稿、陈述发言、清晰表达或回应指令。并具备一定的国际视野，能够在跨文化背景下进行沟通和交流。线上线下相结合的混合式教学方式，有利于培养学生专业英文交流和沟通的能力。

线上线下相结合的混合式学习研究现已成为国内外关注的热点，从目前大学英语教学课堂内外所面临的问题出发，结合当前在线教育发展的新态势，开展基于"产出导向法"的大学英语教学本土化尝试，以探讨线上线下相结合的混合式教学模式的有效性与可行性，对于实现知识传递、知识建构和内化、知识巩固和拓展具有一定的现实意义。各高校完善的硬件配备情况也能很好地满足基于线上线下相结合的混合式教学模式的要求。因此，在我国高校大学英语教学中应用基于线上线下相结合的混合式教学模式具有可行性。

随着教育国际化、人才培养全球化的加速改革，线上线下相结合的混合式学习课程权重的加大是一种与时俱进的教学改革。信息化教学资源环境下开展混合式教学研究，对于大力推进优质的课程资源建设，揭示内在的教学规律，提高教与学效益，提升教师的信息化应用水平和技能，开发学生的创造性潜力，促进高校的教育教学改革均具有重要的意义。

目前，国内基于"产出导向法"利用线上线下相结合的混合式教学模式培养学生的跨文化沟通能力还处于探索期，关于该模式的各种研究有待更多学者的积极广泛参与。线上线下相结合的融合式教学模式符合中国的外语教育发展趋势。随着逐渐深入的理论研究和不断拓宽的实践探索，线上线下相融合的教学模式将由局部试点发展到整体推进。

二、融合式的教学实践

（一）教学内容及面向对象

本课程是面向非英语专业本科生开设的语言类基础必修课，目标是培养学生综合应用英语的能力，尤其是学生的语言输出能力，使学生在以后的工作、学习和社会交往中能够利用英语进行有效的交际；注重学习策略的训练，增强学生的自主学习能力和终身学习能力；提高人文素养和跨文化交际能力，为社会培养具有国际视野的高素质人才。

（二）课程特色

具备平面及立体教学资源，学习评价机制完善，方便在校学生和社会人员学习和测验。在线课程建设除了具备传统的课程标准、教案、教材等，还涉及重点知识点的微课视频及相关互动文化知识、游戏等，能够激发学生的学习兴趣。该课程匹配的 App 有利于学生在线互动，实时交流，保证教学效果。

（三）课程体系

以培养学生英语听、说、读、写、译等综合应用能力为主，重点提高口语和书面表达及翻译能力，并增加文化和专业知识拓展内容。

教学模式：3+1×3。第一个"3"是指综合学习，包括读写 2 节／周（语法、翻译等）、视听说 1 节／周（TED 演讲、文化知识等）。"1"是指实训课，即网络自主学习检查指导课 1 节／周。学生网络自主学习及课后测试，并进行口语活动。教师在网上检查学生学习的情况。第二个"3"是指 3 个学期。

（四）教学内容

第一个学期：注重纠正学生语音、完善语法体系，以及储备词汇。课程涉及的主要内容包括名词性从句、状语从句和定语从句等。在此基础上，侧重于语言技能的培养，从听、说、读、写、译等语言能力入手，帮助学生过渡，实现从习得技能向产出技能的过渡。

第二个学期：强调增强学生的写作和翻译能力，调动学生的积极主动性，促进学生熟练地掌握并运用词汇和句式；学会鉴赏经典英文文学作品；在视听说方面，除了强化训练语音的准确性，组织学生就指定的话题进行小组讨论，采取互评和教师点评相结合的方式；在阅读能力方面，侧重词汇的拓展和对篇章逻辑性的把握，注重讲解阅读技巧；在翻译方面，侧重学生的汉译英翻译实践，辅以适当的练习及测试。

第三个学期：侧重培养学生的口语、翻译和写作能力，增加跨文化交际知识和所学的本科专业相关的英语知识等。在熟练地运用词汇、句法和语法的基础上，讲解英美文化、鉴赏经典英美文学作品；在视听说方面，选取英语国家广播电视新闻节目内容；在阅读方面，选取学生所学专业英语基础知识等训练内容；在翻译和写作技能训练方面，在基础训练的同时，侧重所学专业的文献资料和英语国家报刊上有一定难度的文章的英汉互译和写作实践。

（五）教学方法

在"以学习为中心、学和用一体、注重培养学生文化交流和关键能力"教学理念指导下，采用泛在的、多元化的教学模式。将理论与实践相结合；独立学习与小组协作相结合；主题讨论与技能培养相结合；主题、案例、情景教学与任务型教学相结合；课堂讲授与反馈互动相结合，建立多样化的教学模式。

1.考核办法

教师以周为单位跟踪、检查学生线上学习情况，记录学生的学习进度，管教并管学，线上监控学生学习时间和学时；定期组织在线互动答疑和讨论，检查线上学习内容并答疑，布置网上学习内容及进度，学生做学习交流；每学期第2周至第12周，每周安排教师在固定的时间上网答疑、记录和汇总学生所提出的问题，并于下一次课考核学生掌握情况。

2.考试方法

综合课程包括听力考试。听力和综合课程按3∶7的比例，记载综合总成绩。听力实训课程每学期末统一考试，不及格者需重修、补考，直至及格。

3.成绩评定

综合课程：平时成绩40%、考试成绩60%。过程性考核成绩由学生网上自主学习自测成绩、单元测验的成绩和课程视频、访问次数、随堂测试和平时作业综合记载而成。

听力实训课程：平时成绩40%、考试成绩60%（试题难度相当于大学英语四六级考试水平）。

4.构建基于O2O模式的大学英语翻译、写作教学模式

线上内容包括资源交流、网上实训和作业三部分；线下内容包括行为干预、人工干预和指导答疑。

资源交流：教师上传可供学生线上学习的优秀的翻译、写作范文资料，学生可以在任何时间、任何地点获取学习资料。平台同时为学生提供同步（虚拟教室）以及异步（讨论板）交流工具，增强学习效果，通过讨论板、实时的虚拟教室互动和小组交流实现协作学习。

网上实训：有规律地进行网上练习，根据A、B、C不同级别学生的情况，选取有针对性的练习内容，范围涉及语法现象、词汇搭配。可重复范文中的精彩部分及重要环节。

作业布置：在资源交流及网上实训的基础上，按教学进度定期发布作业，难度相当于

四、六级水平，限定作业完成时间，鼓励学生按线上提示多次修改以完善翻译及写作篇章。

行为分析：观察网上记录的学生学习行为，分析线上数据，制定、调整教学内容。

人工干预：线上批改在词汇方面给予学生的反馈信息较多，但是语法、逻辑性、篇章结构以及思想内容方面需要教师进行人工干预。

指导答疑：做好教学辅导工作，进行词汇、语法、句法及结构的分析展示及拓展练习，并根据学生完成情况，有针对性地进行课堂点评。

5. 构建基于 O2O 模式的大学英语翻译、写作测试模式

测试类型：该项目包括全校规模的入学分级测试；期中、期末进行标准化在线测试；基于计算机和网络的大学英语四、六级模考；以检测学生的学习效果为目的的阶段性测试；自主模考训练；各类教学评估类测试。该项目还可以拓展至研究生入学考试、雅思考试、BEC 商务英语考试等其他测试。

试题结构：在语料的选择标准及试题设计上，可根据实际教学安排和学生学习情况，选取相应难易级别的试题模块相组合，也可与大学英语四、六级等考试高度一致。

题库建立：试题库的建设基于项目反应理论（Item Response Theory，IRT），可以根据不同教学对象定做个性化测试方案。IRT 是用于分析考试成绩和问卷调查数据的数学模型，模型的目标一般被用来确定潜在的心理特征 (latent trait) 是否可以通过测试题被反映出来，以及测试题与被测试者之间的互动关系。IRT 最大的优点是题目参数的不变性，被试在某一试题上的成绩不受他在测验中其他试题上的成绩影响；同时，在试题上各个被试的作答也是彼此独立的，仅由各被试的潜在特质水平所决定，一个被试的成绩不影响另一被试的成绩。在实际使用前，试题经过项目分析（ItemAnalysis），通过大规模样本试测与校正，可以保证科学的难易度与区分度。

数据统计：对成绩进行记录、分析，提供清晰易读的成绩报告。能显示总体分数分布状况，具体分析某一题，从而更好地帮助师生对测试进行反馈，并可实现从组卷、审卷、监考到阅卷及成绩归档的一整套考试流程的信息化管理。教师利用在线考试、成绩统计与分析、自动组卷等教学管理功能，有效提高工作效率与教学质量，迅速、全面、准确地了解和评估学生的英语能力和教学总体效果。

三、教学理念

（一）强调以人为本的教学理念

现代教育重视强调以人为本，把重视人、理解人、尊重人、爱护人、提升和发展人的精神贯彻于教育和教学的全方位、全过程。

（二）增强素质教育的教学理念

传授知识、培养能力与素质在人才培养过程中是辩证统一，协调发展的。以帮助学生学会学习、强化终身学习意识和素质养成为根本的教育目标，旨在全面开发学生的潜能。

（三）提倡创造性思维的教学理念

加强创新与创业教育，并促进二者的有机融合，培养创新、创业型复合型人才成为现代教育的基本目标。

（四）强化学生主体性的教学理念

从传统教育强调的以教师为中心，转变为以教师为主导，以学生为中心、以活动为手段、以实践为保障，倡导自主教育和快乐教育，培养学生的学习兴趣和良好的学习习惯，使学生能够积极主动地去学习。

（五）支持个性化发展的教学理念

现代教育强调尊重个体的个性，鼓励学生个性发展，主张针对不同的个性特点采用不同的教育方法和评估标准，为所有学生个性化发展创造条件。

（六）倡导生态和谐的教学理念

现代教育大力倡导"和谐教育"，注重有机整体的"生态性"教育环境的建构。

四、教学设计的特点

（一）教学设计的教育性

在我国以应用型为主的高校课堂教学中，都不同程度地存在重传授知识和技术、轻教育的现象。为了增强教学的教育性，形成全方位育人的格局，教学设计必须遵循教学的规律，而且考虑到高素质应用型人才必须适应社会需求、为社会服务，除了掌握岗位所必需的相关知识和技术外，要先学会如何做一个合格的社会人。要做合格的社会人，就要强化教学的教育性。因此，培养学生养成终身学习的良好习惯，是高等院校教学教育性的重要体现。可以借鉴材料中提供的案例，对个人发展进行统筹规划；也可以根据理工类院校教育性的标准，深入剖析个人的优缺点；还可以通过与其他公共课和专业课课程内容的结合，提升学生批判式思维的意识与能力。

（二）教学设计的实用性

服务社会必然要培养应用型人才，因此，在课堂教学中体现实用性，是教学设计的基本要求。教学实践补充了语言学习特点和技巧，并启发学生结合自身理工科专业进行相关领域的语言学习，把英语学习和专业学习有机地结合起来，实际应用价值较强。

五、教学反思

（一）根据需求充实课程

调研企事业单位对外语人才技能要求进行有的放矢的教学任务设计，实时更新教学内容。

（二）更新完善现有课程

更新和完善原有基础上的微课、flash 交互动画等系列内容。精选学生自编自导的情景剧，增强课程生动性。

（三）细化实训互动环节

根据真实的交际情境，更新实训任务，每个任务都明确分工，对参与的负责人、成员的表现客观评价，列出反馈评价的系列表格。

（四）落实课程考核评价

改革课程评价，将形成性评价与终结性评价结合起来，全面跟踪评价学生完成任务的情况。让学生完成个人和小组任务的同时，取长补短，更好地应对期末考评。

（五）开展趣味性知识拓展

建立任务或项目总结模块，由学生搜集或录制相关视频，进行情境展示，进行分享并实时更新。

第四节 构建线上线下高校英语写作教学

在"互联网+"时代，大学英语写作的传统教学模式已经不能满足培养学生的需求。针对当前现状，本节将线上线下教学模式应用于大学英语写作教学中，探索在该教学模式下的大学英语写作教学的具体运用，旨在激发学生的写作兴趣，提升学生写作主动性，提高学生英语写作自适应学习能力及英语写作成绩，尝试为大学英语写作教学提供一种更为有效的教学模式。

随着"互联网+"时代的到来，计算机网络技术对课堂教与学都产生了巨大影响。各种网络学习平台资源层出不穷，教师与学生对互联网和数字技术的应用，使教与学的过程发生很大的变化，网络信息技术的发展为开展信息化教学提供了良好的大环境。翻转课堂、慕课、微课等一系列的新型教学模式已经被广泛地应用于教学中。在科技不断发展的今天，英语教师应该对大学英语写作教学模式进行调整，充分地利用便利的网络资源开展线上教学、课堂深度教学及培养学生的线下自适用能力。本节对线上线下大学英语写作教学模式进行研究，具有重要的意义。

一、英语写作课堂文化概念

英国马凌诺斯基指出："课堂文化是在教学过程中，教师和学生自觉遵循和奉行的课堂精神、教学理念和行为。"刘耀明指出："课堂文化是发生在教学过程中的规范、价值观和行为方式的整合体。"由此，按照这个思路笔者把英语写作课堂文化，定义为在长期的教学过程中形成的教学行为和教学理念，也可以理解为英语写作教学模式。

二、大学英语写作教学现状

英语写作是大学生英语学习综合语言运用能力的重要体现，在英语学习和教学中占据着重要地位。然而，写作是大学英语教学中的薄弱环节，存在着许多问题。

第一，学生课堂上得到的信息量极其有限。受限于课堂时间，教师只能把教学精力更多地放到学生们关注的、与考试相关的内容上，例如多数教师是有针对性地进行大学英语四级写作考试训练，给出写作应试模板，缺乏针对学生真正写作能力的培养。

第二，以教师为中心，忽视学生的主观能动性。在英语写作教学中，教师忽视写作的教学过程，只是行云流水般地对写作进行讲解，缺乏对学生写作过程的培养和训练等。

第三，受限于时间和空间，学生写作不能及时得到反馈。课后学生的写作练习通常无法获得修改意见，无法发现写作中存在的语法、拼写、词汇搭配等各种问题，严重影响了练习质量。

三、大学英语线上线下写作教学模式的优势

线上线下学习丰富了学习资源。线上线下相结合的大学英语写作教学模式，为教师提供了更多为学生传授知识的平台，也为学生提供了丰富的学习资源。

线上教学不再局限于课堂教学 90 分钟这个固定的时间，教师可以结合学生的具体情况，根据单元教学目标，将所要讲解的知识重难点浓缩为 10 分钟以内的微课。完成后采用在线发布微课、文字辅助材料等方式，也可以直接把线上丰富的教学资源分享给学生，使学生更加方便快捷地接触英语写作知识；学生还可以根据自身的具体情况，利用丰富的网络资源库进行自主学习，查漏补缺，查找自己需要的一些写作素材，例如英语词汇、短语、表达方式或实例范文。

体现教师为主导、学生为主体的教学原则。线上线下相结合的大学英语写作教学模式，充分体现教师在英语写作学习中的主导作用与学生的主体地位。

教师线上的微课、辅助文字和在线答疑等其他一系列的辅助信息教学，对学生都是指导性的教学。而学生才是真正学习的主体，学生可以根据自己的具体情况，自主地选择学习时间、学习地点学习相关的线上教学内容，并且还根据自己的学习要求，进一步搜索更高级别、其他相关的学习内容，真正意义地培养学生学习的主观能动性，即学生的自适应能力。

即时得到反馈。"互联网+"时代，出现了众多的英语写作及即时评价平台，例如write 英语写作系统、批改网、句酷批改网、作业在线等。学生在学习线上自主学习教学资源后，可以利用这些在线学习平台随时进行写作训练，提交作文后便能得到即时反馈。这些批改网能够指出拼写、语法、搭配，文章结构等方面的错误。学生根据系统反馈，就

可以直观、即时认识到自己英语写作的缺点及不足，进一步有针对性地进行学习及强化训练。

学习及训练的反复性。线上学习具备传统课堂所不具备的优势，即学习的反复性。针对单个学生某一个没有掌握的知识点，学生可以随时随地反复地观看教师发布的线上课程讲解视频，并且可以利用线上教学平台反复修改完善作文，进行反复训练，这就充分地发挥了线上线下英语教学模式个性化、立体化的优势。

四、构建线上线下大学英语写作教学模式

笔者通过自身实践教学，构建了线上线下大学英语写作教学模式，通过该模式，学生们对英语写作充满兴趣和希望，提高了英语写作的积极性。该线上线下大学英语写作教学模式分为线上教学、学生提交初稿、线上自主修改、课堂讨论及互评以及重写定稿这五个步骤，具体如下：

线上教学。线上教学环节主要是教师根据教学目标及教学内容，录制微课、上传文字资料或者网上相关资源，通过线上分享，学生在相关资源的引导下，掌握相关语言知识和写作技能技巧等进行自主学习。

提交初稿。学生根据知识掌握情况，要在规定时间内完成布置的写作任务，在规定的时间截止前在英语写作平台提交自己的初稿。

线上自主修改。待初稿提交后，学生利用英语写作平台提出修改意见，进行自我评价并进行反复修改，形成初步定稿，以供课堂教学时展示交流。

课堂讨论及互评。在课前学生线上自主学习任务及完成初稿的基础上，课堂上教师主要是对学生课前作文完成任务情况进行公布，组织讨论及答疑。教师在上课前汇总并且选取有代表性的两三篇作文进行点评，指出写作过程中作文普遍存在的问题。针对这些问题组织学生进行组内讨论，让学生自己提出解决问题的方法。学生在组内分享自己的作文，让组内同学互相评价、修改完善，然后每小组选出最佳作品并且在课堂内展示这些作品。最后教师解答学生们无法解答的问题，并且对每组代表作品给出评价，提出进一步修改意见。

重写定稿。课后学生根据课堂上的讨论及互评情况，巩固老师上传的线上学习材料以及进一步地自我拓展学习，进行再次修改作文，完成最后重写及定稿。

五、线上线下大学英语写作教学模式的困难

更加完善英语写作教学平台。在"互联网＋"时代，应该加强网络资源的整合管理，建立功能完善的"一站式"学习教学平台。笔者通过上课，发现很难把上课所需要的资源整合到一个学习平台上，教师和学生都要注册若干个账号，才可以满足上课和学习的需要。例如发布微课或者相关学习资料，通常会使用微信群和微助教。但是各自都有自己的弊端，

微信群即时，但是不具备储存资料的功能；微助教虽然能够储存所有资料供学生反复查阅，但是对于最新发布的信息，教师还是要通过微信群进行通知。学生在进行写作练习和提交时用的是 write 写作系统，这个系统具有作文评价、纠错等一系列功能，却不具备上传资源的功能。

在大学英语写作教学时，教师上课要同时登录好几个教学平台才能达到一个理想的上课状态，身为教师迫切需要互联网尽可能地将资源归类整合，将英语写作资源整合到某一个教学平台，建立"一站式"教学及学习平台，优化上课及学习环境。

加强线上线下大学英语教学模式中师生能力的提高。线上线下大学英语写作教学模式，不论是对大学英语教师的教学能力，还是对学生的学习能力，都提出了更高的要求。

作为大学英语教师，要做到与时俱进，不断提高自身教学水平。要不断地学习新的教学理念和教学方法，了解计算机及网络发展动态，学习掌握微课制作能力，了解各种网络教学平台和网络资源，等等。

作为学生，面对全新的无线学习时代，要熟练掌握网络教学平台以及在线写作学习系统，适应这种新型学习模式，科学合理地利用网络资源。除此以外，学生还要学会自我控制，避免借助网络资源的便利，大肆抄袭作文、应付完成作业这一现象出现。学生要提高自主学习能力，养成良好的学习习惯，更好地提高自身的英语写作能力和语言应用水平。

总而言之，在"互联网＋"时代，网络的发展为英语写作教学提供了大量的学习资源和网络平台，线上线下大学英语写作教学模式改善了传统大学英语写作教学的弊端，提供了新的教学方法，开辟了新的教学模式，并且实现了以学生为中心、教师为主导的教学原则，提高学生的自主学习能力。该模式为构建其他大学英语教学模式提供参考，并且也为大学英语教师提出了建议。这就要求教师应该加强自身教学能力的培养，不断地提高利用网络资源的能力。

参考文献

[1] 张学新. 对分课堂：大学课堂教学改革的新探索 [J]. 复旦教育论坛，2014，12(5)：5-10.

[2] 汪军，严晓球. 近十年来国内大学英语大班教学研究综述 [J]. 教育学术月刊，2011，(11).

[3] 杨淑萍，王德伟，张丽杰. 对分课堂教学模式及其师生角色分析 [J]. 辽宁师范大学学报 (社会科学版)，2015，(9).

[4] 张博雅. 对分课堂：大学英语课堂教学改革的新思路 [J]. 科学与财富，2015，(12)：803.

[5] 柴霞. 基于"对分课堂"的大学英语教学实践与反思 [J]. 曲阜师范大学公共外语教学部，2016，(6).

[6] 谷陟云. 罗杰斯的人本主义教育观及其启示 [J]. 现代教育科学，2009，(10).

[7] 陈爱梅. 人本主义学习理论及对外语教学的启示 [J]. 辽宁师范大学学报，2003，(3).

[8] 王健芳. 外语教学改革与实践 [M]. 南京：南京大学出版社，2016.

[9] 孙立伟. 对数字化教学资源建设的思考 [J]. 新西部，2007，(12).

[10] 杜振华. 英语资源服务器及网络语音室的安全管理与实践 [J]. 中国科教创新导刊，2008，(1).

[11] 李建萍. 分级教学背景下大学生英语词汇学习策略的调查和分析 [J]. 黄山学院学报，2009(8)：99.

[12] 汤闻励. 非英语专业大学生英语学习"动机缺失"研究分析 [J]. 外语研究，2012(1)：70-75.

[13] 李艳，韩文静. 孔子因材施教的教育思想简述 [J]. 吉林教育学院学报，2008(4)：39.

[14] 刘英爽. 国际化背景下大学英语跨文化教育的瓶颈和转型趋势 [J]. 教育评论，2016(7)：115-117.

[15] 王汉英，胡艳红，徐锦芬. 美国康奈尔大学外语教学观察与思考 [J]. 教育评论，2015(7)：165.

[16] 秦秀白，张凤春. 综合教程 3(学生用书)[M]. 上海：上海外语教育出版社，2014.

[17] 王允庆，孙宏安. 高效提问 [M]. 高等教育出版社，2016.

[18] 赵周，李真，丘恩华 . 提问力 [M]. 北京：电子工业出版社，2018.

[19] 陈帅 . 大学英语修辞教学探析 [J]. 湖北经济学院学报，2013(9)：203-205.

[20] 王涛 . 大学英语教学中英语修辞格的赏析 [J]. 英语广场，2013(10)：97-99.

[21] 夏俊萍 . 浅析大学英语教学中学生修辞鉴赏能力的培养 [J]. 吉林工程技术师范学院学报，2014(10)：68-70.

[22] 张红 . 浅谈英语教学中常见的修辞 [J]. 教师，2015(11)：47-48.